au-delà des mots

authentic texts for
advanced students of french

brian mccarthy

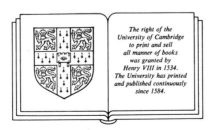

The right of the
University of Cambridge
to print and sell
all manner of books
was granted by
Henry VIII in 1534.
The University has printed
and published continuously
since 1584.

CAMBRIDGE UNIVERSITY PRESS
CAMBRIDGE
NEW YORK · NEW ROCHELLE · MELBOURNE · SYDNEY

Published by the Press Syndicate of the University of Cambridge
The Pitt Building, Trumpington Street, Cambridge CB2 IRP
32 East 57th Street, New York, NY 10022, USA
10 Stamford Road, Oakleigh, Melbourne 3166, Australia

First published 1989

Printed in Great Britain at the University Press, Cambridge

British Library cataloguing in publication data
McCarthy, Brian
Au-delà des mots: authentic texts for advanced students of French.
. French language – Readers
'. Title
448.6'421   PC2117

Library of Congress cataloguing in publication data
McCarthy, Brian, 1947–
Au-delà des mots.
English and French.
1. French language – Readers.   2. French language –
Textbooks for foreign speakers – English.   I. Title.
PC2117.M385 1988   448.6'421   86 – 31039

ISBN 0 521 31964 1

CE

Contents

Acknowledgements

The author and publisher gratefully acknowledge the following sources of material:

1   'Softball sur neige', *Au fil des événements*, 15 March 1984, Université Laval, Québec, Canada

2   'Football' from D. E. Ager: *Styles and registers in contemporary French*, Hodder & Stoughton Educational

3   'Parkas produits en série', *Hebdo Canada*, vol. 8, no. 46, 13 December 1980 (Hebdo Canada was replaced in September 1985 by *Reportage Canada*, a bi-weekly publication.)

5   Kodak–Pathé, France, and Rolex, U.K.

6   'Sauver un enfant', Comité français pour la campagne mondiale contre la faim

7   Thomson, France

8   'Toutes et tous, à 15 heures, de la Bastille à la Gare St-Lazare', Confédération Générale du Travail

9   'Promenade – Pourquoi tu pleures?', Vassilis Alexakis, *Le Monde*, 11/12 April 1976

10 Les Vacances du petit Nicolas, Sempé/Goscinny, © Editions Denoël, 1962

11 La Mairie de Vigneux-sur-Seine, Essonne

12 'Le Permissionnaire', Alphonse Boudard, Les Editions de la Table Ronde

13 'Horoscope', *Salut!*, Une publication Filipacchi, Union des Editions Modernes

14 L'Ombre chinoise, © Georges Simenon

15 Extract, 'Le Voyage à Khonostrov' from *Les Fourmis*, Boris Vian, Christian Bourgois Editeur, 1968

16 'Monsieur Météo', Alain Gillot-Pétré, *Libération*, January 1983

18 *Tourist Guide 'Bretagne'* (22nd edition), Manufacture Française des Pneumatiques Michelin

19 *O pays, mon beau peuple!*, Sembene Ousmane, Librairie Plon

20 'La Mémoire des Inuit', Philippe Meyer, *L'Express*, 14 March 1981

22 'Rolling Stones condamnés', *Au fil des événements*, 15 March 1984, Université Laval, Québec, Canada

23 'Bobo No. 7: La Prison dorée', *Spirou*, No. 2365, 11 August 1983 © DELIEGE/Editions Dupuis Charleroi

24 'Familiale', *Paroles*, Jacques Prévert, © Editions Gallimard

25 'Devos, des maux en mots', Jacques Poulet, *Elle*, 25 October 1982

Introduction

The effect produced by any written text is not a matter of chance. *Before* we actually commit a statement or question to paper, or describe a scene or an event, we are aware that there are many different ways of expressing it. We make a conscious choice of words or turn of phrase. This choice is governed by who the writer is, who he is writing to, the impression he is trying to create, and the situation in which the communication is taking place. And there are a whole range of other factors which have an important but less tangible influence on the final product. Yet when we are confronted with a text *after* it is written by someone else, we tend to behave as though it were a museum piece – something remote and mysterious which the layman could not hope to analyse. Such a reaction may well be justifiable before a Ming vase or a set of hieroglyphics. But hardly when it comes to a contemporary text. Not only are the society and language which produced it still intact, but we are also familiar with them, we know how they work. Often, when we look at a text, we claim – and rightly – to have understood what it means. We also react to the way in which the ideas have been presented. But we usually avoid looking too closely at the language of the text and seeing just *how* the writer got the message across. We may recognise that our thoughts and feelings have been manipulated, but we don't care to go into how this was achieved.

This book presents a collection of passages (newspaper articles, letters, advertisements, pamphlets, extracts from novels, etc.) covering a wide range of language styles and levels of difficulty. The passages are not intended to be on-the-spot comprehension tests – it is assumed that readers will have access to a good dictionary and know how to use it proficiently. Each passage is followed by a series of questions related to language use. These questions are *not* of the type, 'What are the two most important language features of this passage?', which would be too vague, too demanding and too time-consuming to serve any useful purpose. Each question draws attention to some aspect of the language, and requires the reader to demonstrate recognition of it or to expand on the point in some way. The set of questions on any text is by no means exhaustive – their purpose is to crack the veneer of the text. Once the process of demystification has been started, students will quickly begin to identify other key characteristics of the language used.

There is not really any such thing as a model set of questions which can be applied indiscriminately to any passage: the variety of ways in which language is used is as wide and as unpredictable as the ideas conveyed. The questions do however give a good idea of some of the more productive lines along which language can be explored: interrelationship of writer, reader, characters and subject matter; relationships between smaller and larger units within a passage; register, exploitation of sentence structure for narrative purposes; vocabulary (choice and contrast). The opening section, 'Things to look for in the language of a text', presents a fuller range of profitable avenues of exploration.

It is hoped that once students' attention has been focused on some of the more conspicuous points, they will begin to respond to the machinery of the text rather than to its effects alone. Further discussion of these and related points should be encouraged whenever possible.

The measure of the success of these exercises will be the reader's subsequent ability to look at *any* other text and recognise, without being prompted by a question, some of the ways in which the writer has used language to communicate ideas more effectively.

What to look for in the language of a text

WORDS AND IDEAS

- Are the ideas linked or disjointed, balanced or lopsided, simple or involved?
- Are ideas presented in a negative or positive way?
- Are words or ideas repeated? If so, in the same form or a different one?
- Comparisons, contrasts, contradictions?
- Are words or ideas placed alongside each other or separated from each other in an unexpected way?
- How are ideas stressed? (use of language: constructions, emphatic words, position of word in sentence or sentence in passage)

REGISTER

Author/reader relationship

- From whose point of view is the information being presented (writer, character, reader)?
- To what extent and in what way is the reader involved? (balance of 'me', 'you' and 'them'; has the reader been involved without actually being called 'you'?)
- How personal/impersonal is the word/expression/passage?

TONE

- Ambiguity
- Withheld information, e.g. deliberate obscurity
- The effect of playing with time, e.g. through the deployment of different tenses
- Do words and ideas really mean what they appear to? Or, is there exaggeration, understatement, euphemism, the opposite or the negative of what is really intended? Is there metaphor, sarcasm, irony or 'shorthand'?
- Aesthetics: good taste or bad taste? Are the words, sounds, expressions and ideas pleasing, ugly, offensive?
- Sound: does a word play on a particular sound? Is it onomatopoeic – does it sound like the thing or action it describes?

STYLE

Kind of language
- Slang, jargon, technical, snob, precisely judged, poetic?

Use of language structures
- What is the balance between question/statement/command/exclamation?

- If there are questions, are they real or rhetorical? Whose questions are they?
- Sentence length: all short, all long? Or, for example, one short, sharp, simple sentence in the middle of 'heavy' ones?
- Use of direct or indirect speech
- Does the writer take short-cuts?
- Word order: inversion? options in word placement?
- Is punctuation (full stop, commas, colons, dashes, inverted commas) exploited? Or the lack of it?

Choice of vocabulary and spelling
- Are the words used ordinary or normal (what you would expect)? Or are they extraordinary, rare, invented? Have they any special connotations?
- Spelling: capital versus small letters? does spelling reflect pronunciation, e.g. 'ché pas' or 'j'sais pas' for 'je ne sais pas' and 'des zaricots' for 'des haricots'?

I   SOFTBALL SUR NEIGE

Softball sur neige
"Le rassemblement des Mohicans!"

Moi faire fumée pour annoncer toi grand tournoi softball sur neige des 30-31 mars. Toi pouvoir inscrire ta tribu jusqu'au 28 mars dans catégorie A (compétitif) ou B (récréatif, mixte).

Ta tribu devra compter un minimum de dix braves (dont 4 femmes pour cat. B). La fumée t'est lancée, une abstention serait considérée comme un acte de lâcheté... On t'attend pour sortir le calumet...

N.B.: Les tribus pourront réserver un terrain pour pratiquer le vendredi, 23 mars en communiquant avec André Bélanger à 656-2807.

Mona Lapointe
(collaboration spéciale)

'Softball sur neige',
Au fil des événements,
Université Laval

Au vif du texte

1   Le titre de cet article est d'une typographie variée. Quel effet cela produit-il?

Expliquez le sens de la phrase «Le rassemblement des Mohicans!». Quel rapport y a-t-il entre cette phrase et «Softball sur neige»?

Quelle est la partie du titre qui dépend de l'autre pour en compléter le sens?

Quelle est celle qui exprime le thème de l'annonce? Quelle est celle qui en exprime le style?

2   De quelles manières reprend-on l'idée de «Mohican» dans le vocabulaire et les structures du premier paragraphe?

3   *fumée* (para. 1)   *défi*
          tribu   *joueur*
          brave   *pipe*
          fumée (para. 2)   *signe*
          calumet   *équipe*

Trouvez dans la colonne 2 un mot plus usuel pour remplacer le mot employé dans l'annonce (voir colonne 1).

4   Quelle est la signification des points de suspension au deuxième paragraphe?

5   *A (compétitif)*   *B (récréatif, mixte)*

Que doit-on supposer de la composition des équipes compétitives'?

6   Trouvez dans cet article trois termes qui conviendraient tout aussi bien à la description d'un combat armé.

7   *La fumée t'est lancée, une abstention serait considérée comme un acte de lâcheté ...* (para. 2)

Il serait impossible d'interpréter cette phrase dans un sens littéral. Quel est le message contenu dans cette phrase?

Exprimez-la de façon plus usuelle. Qu'est-ce qu'on gagne/perd en employant la forme originale?

8   *dont 4 femmes pour cat. B* (para. 2)
           pour annoncer toi grand tournoi softball (para. 1)

Comparez ces deux formes réduites.

9   Le vocabulaire et les structures de style «Mohican» ne sont pas employés tout au long de l'article. A quel(s) moment(s) sont-ils abandonnés? Pour quelle(s) raison(s), d'après vous, l'auteur de cet article en a-t-il décidé ainsi?

10   Pourquoi a-t-il fallu mettre le mot «Mohican» entre guillemets à la question 9?

◆ Récrivez le passage en français courant (c'est-à-dire supprimez tout vocable «indien»). Quel était le rôle joué par ce vocable «indien»?

Sochaux et Toulon laissent Lyon seul en tête du championnat

En cette huitième journée de championnat de France, première division, une seule équipe a gagné sur le terrain de l'adversaire, Nantes. Cette victoire, à Lens, sur le score net de trois buts à zéro, permet aux Nantais d'accéder à la deuxième place où ils retrouvent Toulon qui a obtenu un excellent match nul à Strasbourg. L'Olympique de Lyon, qui n'a battu Valenciennes que par un but à zéro, est désormais seul en tête mais six points seulement le séparent des trois clubs classés au dernier rang, le Stade français, Rouen et Angers.

Si Sochaux a connu un nouvel échec (à Angers), Saint-Etienne a failli revenir victorieux de Toulouse. Les Stéphanois ont mené par deux buts à zéro et, malgré un repli en défense, ils n'ont pu empêcher les Toulousains d'égaliser.

La remontée de Nîmes est toujours attachante. Cette équipe, qui avait fort mal débuté dans ce championnat, est maintenant au quatrième rang, après une victoire indiscutable sur Monaco.

En deuxième division, un médiocre match nul du Racing au Parc des Princes contre Montpellier (0-0) donne au club parisien l'occasion d'abandonner la dernière place, Béziers et Marseille ayant été battus sur leur terrain respectivement par Cherbourg et par Aix. Il est curieux de relever ce saisissant contraste : Marseille, grand nom du football au dernier rang... Aix, son voisin, naguère enfoui dans les profondeurs du classement, à la première place de cette division. — J. M.

PREMIERE DIVISION

Résultats

*Lyon bat Valenciennes	1-0
*Nîmes bat Monaco	1-0
*Toulouse et Saint-Etienne..	2-2
*Rennes bat Sedan	3-2
*Angers bat Sochaux	1-0
Nantes bat *Lens	3-0
*Bordeaux bat Stade français	2-1
*Strasbourg et Toulon	0-0
*Rouen bat Lille	2-1

Classement

1. Lyon, 11 points; 2. Nantes et Toulon, 10 pts; 4. Sochaux, Toulouse, Nîmes, Bordeaux et Rennes, 9 pts; 9. Lille, Sedan, Monaco et Strasbourg, 8 pts; 13. Valenciennes, Lens et Saint-Etienne, 7 pts; 16. Stade français, Angers et Rouen, 5 points.

DEUXIEME DIVISION

Résultats

*Metz et Red Star	1-1
*Reims bat Forbach	4-1
*Limoges et Cannes	1-1
*R.C. Paris et Montpellier ..	0-0
*Nice bat Boulogne	2-0
Aix bat *Marseille	1-0
Cherbourg bat *Béziers	3-1
Grenoble bat *Besançon	1-0

Classement

1. Aix, 13 points; 2. Red Star et Boulogne, 12 pts; 4. Cannes et Nice, 11 pts; 6. Montpellier et Cherbourg, 10 pts; 8. Limoges, Metz et Grenoble, 9 pts; 11. Besançon, 6 pts; 12. Forbach, 5 pts; 13. Reims, 4 pts; 14. R.C. Paris, 3 pts; 15. Béziers et Marseille, 2 points.

D'UN SPORT A L'AUTRE

BOXE. — *A Berlin, l'Allemand de l'Ouest Karl Mildenberg est devenu champion d'Europe des poids lourds en battant par k.-o. au premier round l'Italien Dante Amonti.*

GOLF. — *Angel Miguel (Espagne) a gagné à Santa-Cruz de Tenerife l'open espagnol avec 272 points, devant ses compatriotes Ramon Sota (277) et Sebastian Miguel (283). Le Français Jean Garaialde s'est classé septième avec 288 points.*

— Le Chinois de Formose, Min Nam-hsieh, qui avait réalisé le meilleur score individuel aux récents championnats du monde, a gagné le titre international italien sur le même parcours d'Olgiata, près de Rome, battant en finale son compatriote Chen Chien, 2 et 1.

AUTOMOBILISME. — *Les Français Greder-Delalande, sur Ford-Falcon, ont gagné le rallye de Genève devant Hunter-Lieff (Triumph-Spitfire) et Carlsson-Palm (Saab).*

Au vif du texte

1   Dans la première phrase de l'article, vers quel mot l'auteur veut-il diriger l'attention du lecteur?

Quels aspects de la structure de la phrase servent à mettre en relief ce mot?

Quels rapports (explicites ou sous-entendus) voyez-vous entre la première phrase et le titre de l'article?

2   Trouvez dans l'article le détail des renseignements qui sont contenus dans le titre.

3   A partir des informations données dans l'article, reconstituez l'ordre des trois premières équipes de la première division et celui des trois dernières équipes de la deuxième division pour la semaine *précédente*.

4   Regardez pour commencer le tableau des résultats de la Première et de la Deuxième Division. (Pour chaque résultat l'astérisque indique le terrain sur lequel le match a été joué.)

Puis, lisez très attentivement l'article en entier, en encerclant seulement les renseignements *qu'il ne serait pas possible* de déduire à partir des ces données.

Que pouvez-vous conclure de ces données? Quelles sont celles qui représentent des faits et celles qui traduisent l'opinion du journaliste?

Quels sont, d'après vous, les deux objectifs principaux de cet article?

Finalement, notez trois autres faits contenus dans le tableau des résultats mais non mentionnés dans l'article.

5   D'après le tableau des résultats (Première Division et Deuxième Division) on voit qu'il y a plusieurs façons de nommer une équipe. Le plus souvent il s'agit simplement du nom de leur ville d'origine. Il y a pourtant trois exceptions. Par quels procédés les a-t-on nommées?

Quels moyens l'auteur emploie-t-il pour ne pas trop répéter le nom des équipes?

6   *Lyon bat Valenciennes........1–0*
        Toulouse et Saint-Etienne........2–2

Pourquoi les mots «bat» et «et» sont-ils redondants?

En anglais il serait normal d'écrire Lyon «defeated» ou «beat» Valenciennes. En quoi ces expressions diffèrent-elles du mot français «bat»?

Donnez deux traductions de Lyon «defeated» Valenciennes. L'emploi du mot «bat» vous semble-t-il meilleur que l'une ou l'autre de vos traductions?

7   *Cette victoire, à Lens sur le score net de trois buts à zéro, permet aux Nantais d'accéder à la deuxième place où ils retrouvent Toulon qui a obtenu un excellent match nul à Strasbourg.*

Le journaliste a cumulé un grand nombre de faits dans une seule phrase – trouvez-en cinq, puis faites cinq phrases indépendantes en utilisant chacun de ces faits.

8   Quelle différence de sens y a-t-il entre

Si Sochaux a connu un nouvel échec (à Angers) . . .

et

Si Sochaux a connu un nouvel échec à Angers . . .

9   Pourquoi, après avoir expliqué qu'il s'agissait d'un «match nul», fallait-il ajouter le score (o–o) entre parenthèses?

10 Remplacez les trois points de suspension (. . .) qui se trouvent à la fin du dernier paragraphe par une expression qui convient.

A quoi servent les trois points dans ce contexte?

11 Quels mots dans les articles «Football» et «D'un sport à l'autre» sont tirés directement de l'anglais? A quoi attribueriez-vous de tels emprunts?

Parkas produits en série dans le Grand Nord canadien

Les techniques et les méthodes de production en série du Sud ont atteint une entreprise du Nord spécialisée dans la confection de parkas.

Le centre de couture d'Inuvik, installé sur les bords de l'océan Arctique, a été lancé en 1971 par l'administration des Territoires-du-Nord-Ouest. Il emploie aujourd'hui 40 ouvriers, inuits pour la plupart. Quatre ou cinq autres centres identiques ont été ouverts en 1979.

Le centre d'Inuvik produit chaque année quelque 8000 parkas multicolores à double épaisseur. Cette production dépasse largement celle du centre de Frobisher Bay, le deuxième centre en importance, qui ne produit cependant que 400 parkas par an.

Le secret de la productivité du centre d'Inuvik réside dans l'installation d'une chaîne de fabrication.

Parmi les plus nouvelles acquisitions se trouve une machine à couper électrique, actionnée à la main, qui permet à des employés tels que Fat Eap Tu, un réfugié cambodgien, de couper en une fois 40 épaisseurs de tissu, obtenant ainsi suffisamment de pièces pour fabriquer 200 parkas.

Le parka se compose de deux pièces distinctes : une veste intérieure en épais molleton brodé à la main de petits dessins et personnages et une veste extérieure en tissu léger et imperméable, fait d'un mélange de coton et de nylon.

Les parkas, qui sont disponibles en 17 couleurs, se vendent environ $240/pièce dans le Nord. Mais seulement 40 p.cent de la production sont écoulés dans le Nord. Le reste est destiné aux provinces du centre du Canada, où la demande se fait de plus en plus forte. On étudie actuellement la possibilité d'étendre le marché à d'autres provinces et même à l'étranger.

Au vif du texte

1 (a) positif, négatif

(b) question, affirmation, exclamation, ordre

Choisissez un mot de la catégorie (a) et un mot de la catégorie (b) qui, pris ensemble, servent à décrire chacune des phrases de l'article.

2 Y a-t-il dans le texte une phrase exprimant l'opinion personnelle de l'auteur?

Quelle opinion l'auteur semble-t-il encourager ses lecteurs à se faire du projet?

3 Dans un article de journal on a souvent besoin de condenser l'information. Un des nombreux moyens de le faire est de réduire une idée comme «les 40 ouvriers sont inuits pour la plupart» à «40 ouvriers, inuits pour la plupart». C'est-à-dire, en enlevant le verbe, il est possible de mettre la seconde idée à côté de la première, une simple virgule servant à les séparer.

Relevez dans l'article trois autres phrases où le journaliste a condensé ses idées de cette manière.

4 Quelles sont les expressions qui indiquent que l'entreprise est réussie?

5 Le titre comprend quatre éléments principaux: «Parkas», «produits», «en série», «le Grand Nord canadien». Chacun de ces éléments reparaît dans le texte sous d'autres formes. Identifiez-les.

6 Dans cet article le journaliste regroupe souvent plusieurs renseignements autour d'un seul nom.

Exemples

... *une entreprise* (1) *du Nord* (2) *spécialisée dans la confection de parkas.*

(1) *Quatre ou cinq* (2) *autres centres* (3) *identiques* ...

... (1) *quelque 8000 parkas* (2) *multicolores* (3) *à double épaisseur.*

(a) Trouvez les différents renseignements rattachés aux éléments suivants:

le centre de Frobisher Bay (para. 3)

une machine à couper (para. 5)

une veste (para. 6)

molleton (para. 6)

(b) Cette information n'est pas toujours donnée par un simple mot. Examinez les différentes structures employées dans les exemples ci-dessus, et faites la description de quelqu'un ou de quelque chose à l'aide de plusieurs types de structure.

Exemple

chien: Voilà   (1) *mon*   (2) *petit chien*   (3) *aux crocs menaçants*   (4) *qui s'amuse à déchirer les journaux des/voisins.*

7   Au quatrième paragraphe on trouve le mot «parkas» dans deux phrases consécutives. Comment aurait-on pu éviter la répétition de ce mot dans la seconde phrase?

8   Trouvez *deux* moyens employés par l'auteur pour donner une expression claire et simple de ses idées.

9   Composez un titre d'article de journal sur le même modèle que «Parkas produits en série dans le Grand Nord canadien».

Exemples

Usines fermées définitivement dans la région de Durham

Ouvriers licenciés en bloc chez Leyland

10 (a) Ecrivez un paragraphe composé de trois constâts simples, comme au second paragraphe de l'article:

Le centre de couture d'Inuvik, installé sur les bords de l'océan Arctique, a été lancé en 1971 par l'administration des Territoires-du-Nord-Ouest. Il emploie aujourd'hui 40 ouvriers, inuits pour la plupart. Quatre ou cinq autres centres identiques ont été ouverts en 1979.

(b) Récrivez maintenant vos phrases en employant la négation, l'interrogation, l'exclamation ou l'impératif. En modifiant ainsi votre présentation, essayez de donner à cette information une interprétation différente.

Exemple

Ce n'est qu'en 1971 que l'administration des Territoires-du-Nord-Ouest a lancé le centre de couture d'Inuvik. Un centre installé sur les bords de l'océan Arctique! Qui sont les employés? Une quarantaine d'ouvriers inuits! Et on a ouvert quatre ou cinq autres identiques en 1979!

11 Imaginez qu'on vous donne la responsabilité «d'étendre le marché à d'autres provinces et même à l'étranger».

En vous basant sur l'information contenue dans cet article, faites la publicité de votre produit pour d'une part attirer l'attention du public et pour d'autre part l'enthousiasmer pour ce produit.

4 TROIS LETTRES

Broom le 11 sept 1981.

Chers amis.

Reçu en son temps votre bonne lettre qui m'a apporté un grand réconfort. Je m'excuse de ne pas vous avoir écrit plus tôt et vous remercie beaucoup d'avoir pensé à moi — Le décès de ma femme, presque impotente depuis plusieurs années, avec qui je vivais depuis 58 ans, a causé un grand vide autour de moi et je me suis trouvé quelque peu désorienté.

Ma belle sœur est restée quelque temps à Broons, ensuite j'ai eu les enfants pendant un mois, depuis je vais souvent les voir — Par ailleurs je suis depuis longtemps habitué à faire les courses, du ménage, le jardin, toutes ces occupations m'évitent trop de repli sur moi-même — d'autant plus que je sens diminuer mon besoin d'activité — J'ai toujours les pieds engourdis : 500 m de marche ou une longue station debout amène de pénibles douleurs dans ma jambe gauche. Je suis allé voir plusieurs médecins qui ne peuvent rien pour moi. Il est évident qu'après 80ans il est évident qu'on doit tenir compte de ses possibilités ; le mieux est d'en prendre son parti et c'est ce que j'essaie de faire.

J'espère quand même vous revoir à votre prochain séjour en France tous actifs et bien portants.

En attendant, je vous adresse avec mon bon souvenir mes meilleures amitiés

JEAN ROLIN

Cher Monsieur le Professeur,

Soyez remercié, vous et Madame Lalou, pour votre amical souvenir et pour les bons vœux que vous voulez bien nous adresser. Recevez les nôtres pour votre santé et votre bonheur, et aussi cher Monsieur pour votre travail et votre œuvre.

J'n'ose espérer une prochaine rencontre... Mais la

VILLA «MASSA»
344, ROUTE DE GRASSE 06140 VENCE
TÉL. 58 07 04

France ne restera-t-elle pas toujours à l'horizon de vos vœux ? Je le souhaite.

Jeanne et Gary sont venus d'Italie passer quelques jours ici. Je leur ai transmis vos vœux. Ils se proposent de vous écrire. et vous disent d'avance leurs meilleures pensées

Soyez assurés, chère Madame, cher Monsieur, de notre fidèle souvenir

Ma coquinette

ton sourire coquin n est
pas oublié ici .

triel est triste sans toi
n' oublie pas de parler
en français pour quand
je viendrai te voir

Je te fais de gros bisous

Mémé

Au vif du texte

1 Classez les trois lettres selon leur degré de formalité.

2 Qu'est-ce qui prouve dans ces lettres que les trois personnes à qui elles s'adressent résident hors de France?

3 Décrivez brièvement les relations entre l'auteur et le destinataire de chacune des lettres.

4 Deux des lettres exigent des réponses. Lesquelles?

Quelles indications trouve-t-on du contenu de la lettre antérieure dans chaque cas?

5 **Lettre A**

Résumez en deux ou trois mots seulement le contenu de chacun des quatre paragraphes.

6 **Lettre B**

Expliquez de façon un peu plus complète le sens de «quand même» dans la phrase «J'espère quand même vous revoir ...».

7 **Lettre C**

Quels aspects de la langue vous signalent qu'elle s'adresse à un enfant?

8 Lettre A: *Je ... vous remercie beaucoup d'avoir pensé à moi.*

Lettre B: *Soyez remercié ... pour votre amical souvenir.*

Les deux formules communiquent à peu près le même message. Que peut-on apprendre sur la personnalité des deux auteurs en analysant leur choix d'expressions?

9 Lettre B: *Recevez les nôtres ...*

Soyez remercié, ...

Soyez assurés, ...

Lettre C: *N'oublie pas ...*

S'agit-il ici d'ordres proprement dits? Expliquez votre réponse.
(Examinez la forme verbale et le sens qui est communiqué dans chaque cas.)

10 Dans la Lettre A on sent la présence de l'auteur dans chaque phrase.

Exemple

Le décès de <u>ma femme</u>, ... avec qui <u>je vivais</u> depuis 58 ans, a causé un grand vide <u>autour de moi</u> et <u>je me suis trouvé</u> quelque peu désorienté.

<u>Ma belle-soeur</u> est restée quelque temps à Broons, ensuite <u>j'ai eu</u> les enfants pendant un mois, depuis <u>je vais</u> souvent les voir.

Au contraire, dans les Lettres B et C, l'auteur semble s'intéresser beaucoup plus au destinataire.

Exemple

> <u>Recevez</u> les nôtres <u>pour votre santé</u> et <u>votre bonheur</u>, et aussi cher Monsieur <u>pour votre travail</u> et <u>votre oeuvre</u>. (Lettre B)
>
> <u>Ton sourire</u> coquin n'est pas oublié ici. Triel est triste <u>sans toi</u>. (Lettre C)

Récrivez les trois extraits cités ci-dessus de façon à réduire la «présence» de l'auteur (dans la Lettre A) et à l'augmenter dans les Lettres B et C.

♦ II Choisissez deux ou trois des sujets traités dans la Lettre A, et imaginez que vous êtes la «Mémé» de la Lettre C s'addressant à sa «coquinette» et parlant des mêmes sujets.

Vous pourriez commencer la lettre ainsi, par exemple: 'Quelle gentille lettre! Tu penses toujours à ta Mémé, n'est-ce pas?'

Kodak!
Voici la couleur <u>Kodak</u> instantanée.

Cette semaine, Kodak lance en France ses appareils et son film couleur instantanés.
C'est sans conteste un événement pour tous ceux qui sont tentés par la couleur instantanée. Ils vont désormais bénéficier de la qualité Kodak.

<u>De la couleur Kodak</u> d'abord : des couleurs pures, vives, mises en valeur par la surface satinée de la photo.

<u>De la simplicité d'utilisation Kodak</u> ensuite : les possibilités de fausses manœuvres ont été pratiquement éliminées.

<u>De la copie couleur Kodak</u> : vous pourrez facilement faire reproduire les photos les plus réussies que vous aurez prises en couleur Kodak instantanée.

<u>De la robustesse Kodak</u> enfin : les appareils sont garantis 3 ans, pièces et main-d'œuvre.

Ces appareils, il y en a 3. De 430 F. à 965 F. (prix maximum).

Dès cette semaine, allez découvrir la couleur Kodak instantanée dans votre point de vente photo habituel.

Jusqu'au 5 juin chez les revendeurs qui affichent ce macaron, **gratuitement,** venez vous faire photographier en couleur Kodak instantanée.

LES APPAREILS <u>KODAK</u> INSTANTANÉS.
C'est une révélation.

Montre en main, Tom Sheppard mit 100 jours pour traverser le Sahara

En 1975, à la tête d'une expédition scientifique, Tom Sheppard entreprenait la traversée du Sahara d'ouest en est.

C'était la première fois qu'une telle entreprise était tentée, dans une région de la Mauritanie dont il n'existait aucun tracé.

Ce désert, dans lequel rien ne ressemble tant à une dune qu'une autre dune, lançait un terrible défi aux membres de l'expédition.

Afin d'éviter tout risque de défectuosité d'un matériel complexe, Tom Sheppard fit appel à des guides infaillibles : le soleil, les étoiles, et des montres Rolex.

L'efficacité de ce choix fut telle, que les détours furent quasi inexistants. En fait, Tom Sheppard put réaliser en même temps un film documentaire complet.

Ce n'est pas par hasard que le grand explorateur s'en remit à des montres Rolex pour cette traversée historique. Depuis 1967 il se fia à elles pour ses six grandes expéditions à travers les déserts.

La création d'un boîtier Oyster demande à elle seule plus de temps que la fabrication complète de bien des montres. Lorsque le boîtier est terminé, il résiste aux chocs, est étanche à l'eau, à la poussière, et bien sûr, au sable.

L'expédition mit 100 jours pour parcourir 12.000 km.

Et, bien que la traversée se soit effectuée sans incidents, le groupe atteignit la Mer Rouge avec soulagement.

Comme l'a fait remarquer un des membres de l'équipe, c'était une bien belle plage, mais la mer était un peu loin.

ROLEX
de Genève

Illustration: La Rolex GMT-Master. Existe en or 18ct, en acier inoxydable, en acier et or combinés, avec bracelet assorti.

Au vif du texte

1   L'une de ces publicités fait de la «vente de choc», l'autre vend son produit par persuasion. Dans chacune de ces publicités identifiez deux caractéristiques qui servent à intensifier/modérer le langage publicitaire.

2   **Kodak**

(a) Dans la publicité Kodak on est très conscient de l'immédiat, on a l'impression d'une certaine urgence. Quelles expressions servent à créer cet effet?

(b) Au moyen de quelles expressions fait-on comprendre au lecteur que l'achat de ce produit lui serait bénéfique?

3   Composez un titre style «Kodak» pour la publicité Rolex.

4   **Kodak**

> *De la couleur Kodak*
> *De la simplicité d'utilisation Kodak*
> *De la copie couleur Kodak*
> *De la robustesse Kodak*

(a) Quel(s) mot(s) déjà paru(s) dans le texte faut-il placer avant «De la ...» dans ces quatre phrases pour en compléter le sens?

(b) Les quatre idées sont présentées sous forme de liste. Trois des quatre phrases contiennent des mots qui leur imposent une position fixe dans la liste. Quels sont ces mots?

Quant à la position de l'autre phrase dans la liste, il n'y a qu'une alternative. Laquelle?

Dressez une liste du même genre pour présenter quatre idées à l'appui de l'assertion suivante:

> Il ne faut jamais lui prêter un sou ...

5   **Kodak**

> *les possibilités de fausses manoeuvres ont été pratiquement éliminées*
> *Les appareils sont garantis 3 ans, pièces et main-d'oeuvre*
> *vous pourrez facilement faire reproduire les photos les plus réussies que vous aurez prises en couleur Kodak instantanée*

Les trois phrases citées ci-dessus signalent des qualités très importantes du produit. Quelles expressions servent à modifier la force de ces assertions?

6   **Rolex**

La marque «Rolex» ne figure que deux fois dans cette publicité, et chaque fois dans une expression assez banale, «des montres Rolex».

Par quels moyens l'auteur de cette annonce parvient-il quand même à présenter le produit sous un jour très favorable qui donne au lecteur l'envie de l'acheter?

Dans l'autre publicité, au contraire, le mot «Kodak» est presque toujours accompagné d'une ou de plusieurs expressions de soutien – faites-en l'inventaire.

7   **Rolex**

tête	*infaillible*
première	*complet*
aucun	*seul*
rien	*inexistants*
tout	*sans*

Une notion est commune à tous ces mots. Quelle est-elle?

Comment espère-t-on influencer l'idée que le lecteur se fera de ce produit?

8   Les concepts de «qualité», «simplicité», «robustesse» et «garanti» sont explicites dans la publicité Kodak. Sous quelles formes retrouve-t-on ces mêmes idées dans la publicité Rolex?

SAUVER UN ENFANT
sa vie dépend aussi de vous
comité français pour la campagne contre la faim

Il y a à travers le monde des centaines de milliers d'enfants dont la vie est menacée. Ils sont trop! Trop pour que l'opinion s'émeuve devant une détresse si vaste qu'elle en devient anonyme. Trop pour qu'on ait l'espoir de les sauver tous. Mais si vous connaissiez un de ces enfants, un seul, que feriez-vous?

Vous feriez l'impossible, bien sûr. Vous l'aideriez d'abord à sortir de la misère physique, en le soignant. Puis vous vous apercevriez que cet enfant n'a en vérité qu'une seule maladie: il a faim. Alors, il faut nourrir cet enfant, sans poser de questions.

Vient ensuite le temps où l'on s'en pose quand même, des questions: pourquoi la société où vit cet enfant n'a-t-elle pas pu le prendre en charge? Pourquoi, dans son pays, n'y a-t-il pas à manger pour chacun? Pourquoi, en dépit de leurs efforts et malgré l'aide internationale, les paysans de ce pays n'arrivent-ils pas à produire assez? Y a-t-il un remède à cette misère qui tue un enfant sur deux et ne permet à l'autre que de devenir un homme affaibli et diminué?

C'est parce que, depuis longtemps, d'autres hommes se sont posé ces questions qu'ils ont fondé le Comité Français pour la Campagne contre la Faim. Peu à peu, on a trouvé des remèdes à cette situation tragique. On a réuni les moyens nécessaires pour les mettre en œuvre. Chaque année, le Comité Français s'adresse à l'opinion pour lui demander de soutenir son action. Ces fonds sont utilisés intégralement dans des projets de développement rural en Afrique, en Asie, en Amérique latine, partout où rôde encore la faim.

Avec le Comité Français contre la faim, les gens de notre pays, partout, ont permis d'abord les sauvetages les plus urgents, puis ont soutenu les progrès nécessaires pour mettre les populations les plus vulnérables à l'abri de la pire misère, celle qui fait mourir de faim les petits enfants. Partout, ces actions ont réussi. Mais ce combat n'est pas encore gagné. Il reste encore beaucoup d'endroits où il faut agir, et agir vite. Et pour cela, il faut des moyens.

Il y a, quelque part dans le monde, au Sahel ou en Amazonie, dans la brousse africaine ou dans la poussière de l'Inde, il y a un enfant que vous ne connaissez pas, qui va peut-être mourir parce que vous ne le connaissez pas. Depuis quinze ans, le Comité Français contre la Faim a sauvé des dizaines de milliers d'enfants. Un par un. Avec vous, cette année encore, il peut agir. Mais il a besoin de votre aide. Participer à l'appel du Comité Français, c'est sauver cet enfant que vous seul pouvez sauver.

Au vif du texte

1 Une des idées-clef de ce passage est le contraste entre l'individu et la masse.

   Exemple

   Trop pour qu'on ait l'espoir de les sauver <u>tous</u>. Mais si vous connaissiez <u>un</u> de ces enfants, <u>un seul</u>, que feriez-vous? (para. 1)

   Relevez d'autres exemples de contraste dans le texte.

2 L'auteur utilise la répétition.

   Exemple

   ... c'est <u>sauver</u> cet enfant que vous seul pouvez <u>sauver</u>. (para. 6)

   Trouvez d'autres phrases où la répétition est utilisée. Quelle en est la conséquence?

3 Cette affiche est un appel urgent. Mais l'auteur suggère, il n'ordonne pas. Donnez *trois* exemples où l'auteur fait comprendre au lecteur qu'il doit faire quelque chose.

   Expliquez également comment le langage utilisé fait sentir au lecteur le besoin d'agir.

4 Trouvez *cinq* mots qui donnent de la misère une image vivante, et cinq autres qui communiquent l'idée d'action positive.

5 Expliquez brièvement le changement de perspective contenu dans l'article à la fin du troisième paragraphe.

6 Sous quelle forme les idées du titre et du sous-titre sont-elles reprises dans le dernier paragraphe?

7 Sous quelles formes retrouve-t-on dans le passage les thèmes suivants: «sauver», «enfant», «vie», «vous»?

   A votre avis, le titre résume-t-il bien le contenu de l'affiche?

8 Quels sont les objectifs principaux de cette affiche?

9 L'affiche laisse sans réponse un grand nombre des questions qu'elle soulève. Si vous étiez amené à écrire au Comité, quelles questions poseriez-vous pour obtenir des renseignements supplémentaires?

10 Quelles sont les expressions du premier paragraphe qui créent l'impression d'un problème insurmontable?

   Au premier paragraphe l'auteur ne partage pas l'opinion exprimée. Comment le savons-nous?

   Qui, d'après vous, partagerait cette opinion?

   Dans quelle mesure cette opinion serait-elle justifiée?

11   *. . . vous vous apercevriez que cet enfant . . .* (para. 2)

Quel est le sens complet du mot «cet» dans la phrase citée?

Pour le lecteur, en quoi serait-il différent de l'emploi de «cet» dans une phrase telle que «Tu vois *cet* enfant qui joue devant le magasin?»

12   L'auteur mentionne-t-il ou fait-il allusion à une autorité autre que la sienne pour soutenir sa cause?

13   Qu'est-ce qui relie le premier paragraphe au second?

Le mot «questions» (fin para. 2) fait le lien entre les deuxième et troisième paragraphes. Mais ce lien est, ici, artificiel. Le mot «questions» a un sens différent dans les paragraphes mentionnés ci-dessus. Expliquez pourquoi.

Dans les troisième et quatrième paragraphes il y a un autre mot qui sert de lien. Ce lien est, lui aussi, artificiel. De quel mot s'agit-il?

Quelle est l'idée sous-jacente qui relie en réalité ces deux paragraphes?

14   On attire souvent l'attention d'un lecteur en représentant une idée de façon extrême ou exceptionnelle. Trouvez dans cette affiche cinq exemples de cette technique.

15   Récrivez le titre de façon plus frappante.

16   En vous servant, au moins, de quatre des techniques de persuasion utilisées dans ce texte, inventez un petit discours pour convaincre vos parents de vous laisser passer un mois en France à leurs frais.

LES LAVE-VAISSELLE ONT FAIT RÉCEMMENT UN GRAND PROGRÈS : ILS SONT BEAUCOUP PLUS SILENCIEUX. ET MAINTENANT, VOILÀ UN AUTRE PROGRÈS, BIEN PLUS IMPORTANT ENCORE, QUI MARQUE LE DÉBUT D'UNE TROISIÈME GÉNÉRATION : ILS VONT PLUS VITE. VRAIMENT BEAUCOUP PLUS VITE.

PRENONS UN EXEMPLE. UN LAVE-VAISSELLE ACTUEL MET ENVIRON UNE HEURE ET DEMIE POUR FAIRE LA VAISSELLE.

AVEC LE NOUVEAU THOMSON, LA DURÉE EST RÉDUITE À 65 MINUTES EN MOYENNE. EN PROGRAMME NORMAL. ET À 52 MINUTES. EN PROGRAMME ÉCONOMIQUE.

POURQUOI ? COMMENT ? GRÂCE À UNE INNOVATION TECHNOLOGIQUE BREVETÉE PAR THOMSON : L'ASPERSION ALTERNÉE. LE LAVE-VAISSELLE DISTRIBUE, TOUR À TOUR, À CHAQUE NIVEAU DE LAVAGE, LA QUANTITÉ ET LA PRESSION D'EAU STRICTEMENT NÉCESSAIRES. UNE MINUTE SUR LE BRAS INFÉRIEUR. PUIS UNE MINUTE SUR LES DEUX BRAS SUPÉRIEURS. AINSI LES JETS D'EAU NE SONT NI CONTRARIÉS, NI BRISÉS. ILS SONT PLUS EFFICACES. ET LE LAVE-VAISSELLE EST PLUS RAPIDE.

GAIN DE TEMPS. DONC GAIN D'EAU. ET GAIN D'ÉLECTRICITÉ. EN QUANTITÉS TOUT AUSSI IMPRESSIONNANTES. ET CHIFFRABLES DANS LES MÊMES PROPORTIONS. THOMSON, C'EST LE PROGRÈS QUI SE MESURE.

THOMSON
LE MEILLEUR DE LA TECHNIQUE

Au vif du texte

1   Par quels moyens parvient-on à donner du produit une image «solide», «sérieuse»?

2   Au premier paragraphe on affirme que ces machines «vont plus vite». Comment retrouve-t-on cette même idée ailleurs dans la publicité?

3   *Prenons un exemple*

Le mot «prenons» implique qu'il y a un «nous». A quelles personnes ce «nous» pourrait-il référer? Quelle est la participation de chacun dans le choix de l'exemple donné?

4   Expliquez l'ambiguïté du terme «un lave-vaisselle» tel qu'il est employé au second paragraphe.

5   Le quatrième paragraphe commence par deux questions qui sont exprimées par de simples mots interrogatifs. Quelles sont ces questions?

Dans quelle mesure le reste du paragraphe constitue-t-il une réponse adéquate à chaque question?

6   Quels sont les concepts et les mots qui font appel à la raison, à la logique du lecteur?

7   Quelle information doit être fournie par le lecteur afin de compléter le sens des mots «Gain de temps»?

8   Calculez les économies d'eau et d'électricité que vous feriez (d'après cette publicité) si vous changiez votre lave-vaisselle et achetiez un nouveau Thomson.

9   Sur le(s)quel(s) des attributs de ce produit insiste-t-on le plus?

10   Dans cette publicité on ne fait jamais *directement* appel au lecteur. Il n'y a ni «vous» ni «tu». Trouvez les mots et les expressions au moyen desquels l'auteur parvient pourtant à établir le contact nécessaire.

11   Récrivez le quatrième paragraphe (commençant à: «Grâce à ...») en une seule phrase. A votre avis, pourquoi l'auteur a-t-il préféré la forme originale? Quelles impressions cette présentation crée-t-elle?

Récrivez le quatrième paragraphe de la publicité «Rolex» («Afin d'éviter ...») en un minimum de cinq phrases. Dans quelle mesure une telle présentation est-elle conforme au ton général de cette publicité?

Toutes et tous
à 15 heures
de la Bastille à la Gare St-Lazare

9 millions de grévistes ont contraint gouvernement et patronat à discuter.

Les travailleurs se sont prononcés sur le résultat des discussions, sur les concessions gouvernementales et patronales.

Dans l'immense majorité la réponse est nette :

C'EST INSUFFISANT !

Le mouvement de grève se poursuit et s'étend

Pour exiger la satisfaction des revendications essentielles des salariés

Pour un changement politique ouvrant la voie du progrès social et de la démocratie

Tous en masse, à 15 heures
de la BASTILLE à la Gare St-LAZARE

L'Union Syndicale C.G.T. de la Région Parisienne appelle les travailleurs et la population de la région parisienne à exprimer, dans un puissant défilé,

— leur volonté d'obtenir la satisfaction de leurs revendications

— leur aspiration à des changements profonds assurant durablement le progrès social et la démocratie.

L'Union Syndicale C.G.T. de la Région Parisienne souhaite que se retrouvent solidaires et unies toutes les autres organisations syndicales, ainsi que l'U.N.E.F., pour les objectifs revendicatifs et démocratiques communs.

L'Union Syndicale C.G.T. de la Région Parisienne
Les Unions Départementales C.G.T.
de Paris, Hauts-de-Seine, Seine-Saint-Denis, Val-de-Marne, Essonne, Yvelines, Val-d'Oise.

I.G.A. - Paris

Au vif du texte

1 **Tract A**

Dans ce tract le concept de communication est très important. Cependant, des mots tels que «conversation», «dire», «parler» et «demander» n'y figurent pas. Quels sont les mots employés à leur place? Comment l'emploi de tels mots renforce-t-il l'objectif de ce genre de document?

2 **Tract A**

Le mouvement de grève se poursuit et s'étend.

Récrivez cette phrase de façon à identifier celui qui fait les actions mentionnées.

Pourquoi a-t-on omis cette information?

3 **Tract A**

Trouvez six expressions qui servent à renforcer les concepts de «solidaires et unies» dans le texte.

4 **Tract A**

L'heure et le lieu de la manifestation sont donnés deux fois. Combien de fois donne-t-on les raisons principales de la manifestation. Notez les différentes façons de les formuler.

5 **Tract A**

A quels groupes sociaux le tract s'adresse-t-il?

Dans le tract, ces groupes se classent dans deux catégories générales: ceux qui sont pour; ceux qui sont contre. Faites ce classement.

Comment le déséquilibre apparent aide-t-il 'la cause'?

6 **Tract B** (p. 32–3)

Reportez-vous à la question 5 ci-dessus et procédez de la même façon pour le Tract B.

7 Quel(s) mot(s) semble(nt) indiquer que ces deux tracts font appel au même public? Comment se fait-il qu'on emploie ce(s) mot(s)?

Pensez-vous vraiment que les mêmes catégories sociales puissent s'intéresser à deux manifestations diamétralement opposées? Donnez vos raisons.

8 **Tracts A et B**

Qu'est-ce qui indique que ces deux tracts s'adressent aussi bien aux femmes qu'aux hommes?

Pour assurer la **LIBERTÉ**

Pour préserver l'**AVENIR**

NON à l'émeute et à la violence

OUI <u>au Suffrage Universel</u>

<u>et à la Démocratie</u>

TOUS à la **CONCORDE**

JEUDI 30 MAI A 18h.

Agissez...

Françaises, Français,

La paralysie de la vie économique conduirait au chômage et à la misère.

Dans les usines, les ateliers, les bureaux, les facultés, opposez-vous résolument aux fauteurs de désordre.

Préservez la liberté d'expression, de travail, contre une minorité violente.

Le Gouvernement de la République défendra l'ordre, les libertés, contre l'anarchie.

Groupez autour de vous, les sympathisants et les indécis.

La majorité des Français est avec vous.

Comités pour la **D**éfense de la **R**épublique

IMP. T-BRAINE - REIMS - PARIS

9 **Tract B**

Le tract B se compose de plusieurs slogans courts tout faits. Trouvez-en deux.

10 Composez cinq slogans pour soutenir la cause de l'une ou l'autre des manifestations.

Exemples

    C'est insuffisant!

    Anarchie = Chômage

11 **Tract B**

Par quels moyens ce tract fait-il un appel direct au lecteur?

12 **Tract B**

> *La paralysie de la vie économique conduirait au chômage et à la misère.*

Refaites cette phrase en remplaçant le mot «conduirait» dans un premier temps par «conduit» et ensuite par «conduira». Expliquez comment le message se trouve modifié par ces substitutions.

Expliquez la faiblesse d'une affirmation du genre:
Le Gouvernement de la République <u>défendrait</u> l'ordre, les libertés, contre l'anarchie.

13 Les deux tracts incitent le lecteur à l'action. Pourtant, la référence à l'action voulue est souvent sous-entendue plutôt qu'explicite.
Complétez les phrases suivantes en fournissant un verbe convenable:

> .... *toutes et tous à 15 heures de la Bastille à la Gare St-Lazare.*

ou

> .... *toutes et tous à 15 heures.* .... *de la Bastille à la Gare St-Lazare.*

> .... *non à l'émeute et à la violence.*

> .... *tous à la Concorde.*

En quoi toutes les formes verbales sous-entendues se ressemblent-elles? Pour quelle(s) raison(s) stylistique(s) l'auteur de l'article aurait-il choisi d'omettre ces verbes?

14   *Français ... dans les usines ... opposez-vous résolument aux fauteurs de désordre.*

En utilisant cette tournure de phrase l'auteur regroupe plusieurs catégories sociales. C'est comme s'il disait:

    «Ouvriers français ... opposez-vous ...»

    «Contremaîtres français ... opposez-vous ...», etc.

Quels sous-groupes sont compris dans les expressions suivantes:

Français ... dans ... les ateliers

Français ... dans ... les bureaux

Français ... dans ... les facultés

Expliquez comment le statut social accordé au «patronat» est différent dans les deux tracts.

15 Complétez la conversation suivante en fournissant (dans vos propres mots) une petite explication du but de l'une ou l'autre des manifestations.

    — Tu as l'air pressé(e). Où vas-tu?
    — A la Bastille/Concorde.
    — Pourquoi?
    — Tu ne savais pas ....

    ....

    ....

    ....

    — Alors, tu viens avec moi?

16 En employant quelques-unes des techniques exploitées dans ces tracts, composez un petit tract pour encourager d'autres étudiants à vous élire à un comité de votre choix.

Promenade

Pourquoi tu pleures?

Mets ton manteau! Où sont tes bottes? Va chercher tes bottes! Si tu ne trouves pas tes bottes, tu auras une baffe! Et on restera à la maison! Tu veux qu'on reste à la maison? Tu sais, moi, je n'ai aucune envie de sortir, surtout par ce temps. Et j'ai plein de choses à faire à la maison, plein.

Non, bien sûr, tu ne veux pas rester à la maison . . . Alors, va chercher tes bottes! Bon, ça y est? Tu es prêt? Je vais mettre mon manteau et on part. N'ouvre pas la porte! Tu vois bien que je ne suis pas prête, non? Bon, allons-y. Où sont mes clés? Tu ne les as pas vues, par hasard? Elles étaient sur la table, j'en suis sûre. Ah non! je les ai. Allons-y. Donne-moi la main.

Quel temps! Ne parle pas sinon tu vas prendre froid à la gorge et on appellera le docteur. Tu n'as pas envie qu'on appelle le docteur, n'est-ce pas? Alors, tais-toi. Et marche plus vite! On n'a pas beaucoup de temps. Laisse cette ficelle! Je t'ai dit cinquante fois de ne rien ramasser par terre. C'est plein de microbes. Tu tomberas malade et on appellera le docteur. Je te donnerai un bout de ficelle à la maison, si tu es gentil, bien sûr.

Ne traîne pas les pieds comme ça! Tu es fatigué ou quoi? Quand on est fatigué, on reste à la maison. Tu n'avais qu'à ne pas me demander de sortir. J'ai plein de choses à faire à la maison, plein! Qu'est-ce que tu veux encore? Un pain au chocolat? Je t'en achèterai un au retour, si tu es sage. Et ne marche pas dans les flaques d'eau! On dirait que tu le fais exprès ma parole!

Allez, va jouer maintenant. Moi, je reste ici. Ne va pas trop loin, hein! Je veux te voir. Ne te roule pas comme ça dans le sable! Tu vas te faire mal. Et puis je n'ai pas envie de passer ma vie à nettoyer tes vêtements; J'ai assez de travail comme ça. Où tu as trouvé ce ballon? Rends-le au petit garçon! Rends-lui son ballon tout de suite! Excusez-le, madame, il ne s'amuse qu'avec les jouets des autres. Joue un peu avec ta pelle et ton seau. Tu as perdu ta pelle? Elle doit être dans le sable, cherche. Une pelle, ça ne disparaît pas comme ça. Mais cherche! Comment veux-tu la trouver si tu ne cherches pas? Tu n'as pas besoin de te coucher par terre pour chercher! Qu'est-ce que tu as trouvé là? Montre! C'est dégoûtant, dégoûtant. Jette-le tout de suite! Il n'y a rien de plus dégoûtant qu'un ver de terre.

Allez, joue un peu avec ta pelle et ton seau, car on va bientôt partir. Ton père ne va pas tarder à rentrer. Et puis j'ai plein de choses à faire à la maison. Ne mets pas tes doigts dans le nez! Si tu veux te moucher, prends ton mouchoir.

Allez, allons-y. Tu vois, le petit garçon s'en va aussi avec sa maman. Au revoir, madame. Viens je te dis! Tu n'entends pas? Eh bien, tu ne l'auras pas ton pain au chocolat! Regarde dans quel état tu as mis tes vêtements! Allez, donne-moi la main. Et tiens-toi droit! Marche plus vite, on n'a pas de temps à perdre. Qu'est-ce que tu as à pleurnicher encore? Bon, je te l'achèterai ton pain au chocolat.

Un pain au chocolat, s'il vous plaît, madame. Merci, madame. Ne le tiens pas comme ça, tu salis ton manteau, tu auras une baffe! Et je le dirai à ton père! Il ne va pas être content du tout. Et tu sais comment il est, quand il se met en colère.

Je t'ai déjà dit de ne jamais appuyer sur le bouton de l'ascenseur! Bon, enlève tes bottes, je ne veux pas que tu mettes du sable dans toute la maison. Enlève-les immédiatement! Pourquoi tu pleures? Qu'est-ce que tu as? On a été se promener, comme tu voulais, je t'ai acheté ton pain au chocolat et au lieu d'être content tu pleures! Il va me rendre folle cet enfant.

Au vif du texte

1   *'Et puis je n'ai pas envie de passer ma vie à nettoyer tes vêtements.'* (para. 5)

La mère a souvent recours à l'exagération pour persuader son enfant.

Trouvez deux autres exemples d'exagération dans cet article.

2   La mère est très dominatrice envers son enfant. Cette domination s'exprime par:

(a) les menaces (avec ou sans conditions)

(b) les ordres

(c) les promesses de récompenses

(d) les prédictions de malheur

Trouvez un exemple relevant chacune des catégories énumérées ci-dessus.

▶ 3   Quoique ce passage ne contienne les paroles que d'un seul locuteur, il s'agit en réalité d'un dialogue. Repérez deux endroits dans le texte où l'on sent très bien la présence d'un second interlocuteur, et récrivez ces parties en rétablissant le dialogue.

Exemple

Para. 3: *Quel temps!* (Enfant: J'aime bien tout ce vent, moi. Tu sais ...) *Ne parle pas sinon tu vas ...*

4   Dans cet article le récit est composé d'une série de questions, d'ordres, etc. Imaginez que vous étiez témoin de tout ce qui s'est passé et que vous racontiez ce que la mère a dit dans les cas suivants.

Exemple

Para. 8: *Et je le dirai à ton père.* La mère a dit à son fils qu'elle le dirait à son père.

(a) *Tu es prêt?* (para. 2)

(b) *N'ouvre pas la porte!* (para. 2)

(c) *Tu as perdu ta pelle?* (para. 5)

(d) *Jette-le tout de suite!* (para. 5)

(e) *Et tiens-toi droit!* (para. 7)

(f) *Un pain au chocolat, s'il vous plaît, madame.* (para. 8)

(g) *Qu'est-ce que tu as?* (para. 9)

5   Quels sont les aspects de la langue (genre de phrase, interaction entre personnages, etc.) qui dans ce passage contribuent le plus à la défaite émotionnelle (les larmes) de l'enfant à la fin de l'histoire?

6 Les mouvements de la mère et de l'enfant ne sont pas décrits, mais les remarques de la mère révèlent les différentes étapes de la promenade. Situez l'endroit où les événements de chaque paragraphe ont eu lieu.

7 *Une pelle, ça ne disparaît pas comme ça.* (para. 5)

Le point de vue (non-exprimé) de l'enfant à ce propos serait certainement bien différent de celui de la mère.

Trouvez d'autres cas où il serait raisonnable de supposer que la réaction de l'enfant aurait été différente de celle de la mère.

▶ 8 En réemployant quelques-unes des techniques utilisées par l'auteur de cet article, esquissez une autre scène dans laquelle on s'attendrait à trouver un rapport dominateur–dominé.

Exemples

Un mauvais professeur en train «d'expliquer» un problème à un élève.

Une soeur aînée tyrannique qui explique les règles d'un jeu.

L'interrogation policière d'une personne suspectée de vol.

Un adulte qui traite avec condescendance un parent âgé et peut-être un peu sénile.

Dans la scène choisie il ne faut pas que l'interlocuteur ('le dominé') ait la possibilité de placer un seul mot!

9 Le lecteur finit par se sentir impliqué, presque inévitablement, dans cette histoire. Par quels moyens l'auteur parvient-il à nous y mêler?

On est rentrés

Moi, je suis bien content d'être rentré à la maison, mais mes copains de vacances ne sont pas ici et mes copains d'ici sont encore en vacances et moi je suis tout seul et ce n'est pas juste et je me suis mis à pleurer.

– Ah, non! a dit papa. Demain je recommence à travailler, je veux me reposer un peu aujourd'hui, tu ne vas pas me casser les oreilles!

– Mais enfin, a dit maman à papa, sois un peu patient avec le petit. Tu sais comment sont les enfants quand ils reviennent de vacances. Et puis maman m'a embrassé, elle s'est essuyé la figure, elle m'a mouché et elle m'a dit de m'amuser gentiment. Alors moi j'ai dit à maman que je voulais bien, mais que je ne savais pas quoi faire.

– Pourquoi ne ferais-tu pas germer un haricot? m'a demandé maman. Et elle m'explique que c'était très chouette, qu'on prenait un haricot, qu'on le mettait sur un morceau d'ouate mouillée et puis qu'après on voyait apparaître une tige, et puis des feuilles, et puis qu'on avait une belle plante d'haricot et que c'était drôlement amusant et que papa me montrerait. Et puis maman est montée arranger ma chambre.

Papa, qui était couché sur le canapé du salon, a poussé un gros soupir et puis il m'a dit d'aller chercher l'ouate. Je suis allé dans la salle de bains, j'ai pas trop renversé de choses et la poudre par terre c'est facile à nettoyer avec un peu d'eau; je

19

suis revenu dans le salon et j'ai dit à papa:

– Voilà l'ouate, papa.

– On dit; la ouate, Nicolas, m'a expliqué papa qui sait des tas de choses parce qu'à mon âge il était le premier de sa classe et c'était un drôle d'exemple pour ses copains.

– Bon, m'a dit papa, maintenant, va à la cuisine chercher un haricot.

A la cuisine, je n'ai pas trouvé d'haricot. Ni de gâteaux non plus, parce qu'avant de partir maman avait tout vidé, sauf le morceau de camembert qu'elle avait oublié dans le placard et c'est pour ça qu'en rentrant de vacances il a fallu ouvrir la fenêtre de la cuisine.

Dans le salon, quand j'ai dit à papa que je n'avais pas trouvé d'haricot, il m'a dit:

– Eh bien tant pis, et il s'est remis à lire son journal, mais moi j'ai pleuré tant et j'ai crié:

– Je veux faire germer un haricot! Je veux faire germer un haricot! Je veux faire germer un haricot!

Au vif du texte

1 Goscinny imite ici la façon de parler d'un enfant. Quelles techniques emploie-t-il pour créer cette impression?

2 *On dit: la ouate …*

Trouvez au moins une autre erreur du même type qui passe sans commentaire.

3 *… elle m'a dit de m'amuser gentiment. Alors moi j'ai dit à maman que je voulais bien, mais que je ne savais pas quoi faire.*

— Pourquoi ne ferais-tu pas germer un haricot? m'a demandé maman. Et elle m'explique que c'était très chouette, qu'on prenait un haricot, qu'on le mettait sur un morceau d'ouate mouillée et puis qu'après on voyait apparaître une tige, et puis des feuilles, et puis qu'on avait une belle plante d'haricot et que c'était drôlement amusant et que papa me montrerait.

Rétablissez cette section du récit à la forme parlée originale.

4 *Je suis allé dans la salle de bains, j'ai pas trop renversé de choses et la poudre par terre c'est facile à nettoyer avec un peu d'eau; je suis revenu dans le salon et j'ai dit à papa:*

— Voilà l'ouate, papa.

Cette façon de raconter l'histoire fait sourire le lecteur. Par quels moyens est-ce que l'auteur rend son récit amusant?

5 Quels faits présentés par la suite ne semblent pas s'accorder avec les idées suivantes?

Para. 1 *bien content*

Para. 4 *elle m'explique*

6 *elle s'est essuyé la figure* (para. 3)

elle est montée arranger ma chambre (para. 4)

A première vue ces deux phrases semblent renseigner le lecteur sur les actions de la mère. En les examinant dans leur contexte on constate qu'elles décrivent quelqu'un d'autre. Qui est-ce? Qu'est-ce qu'on apprend à son sujet?

7 *… et moi je suis tout seul et ce n'est pas juste et je me suis mis à pleurer.* (para. 1)

Trouvez un autre moyen de regrouper ces trois idées en une seule phrase, sans employer le mot «et» ou des virgules.

En changeant ainsi la présentation, on modifie légèrement le rapport entre les idées. Il semble donc que dans la version originale le mot «et» avait une valeur plus grande qu'un simple «+». Expliquez.

8   Trouvez deux mots, à part le «et» simple, qui servent à accumuler des informations. Quelles signes de ponctuation créent le même effet? Donnez des exemples.

9   *parce qu'à mon âge* (para. 7)

        et c'est pour ça (para. 9)

    Expliquez en quoi la logique de ces deux expressions n'est pas tout à fait conventionnelle.

    Quel rapport voyez-vous entre cette logique et le ton général de ce texte?

10 Au quatrième paragraphe la mère du petit Nicolas prononce des paroles qui ont pour but de le ménager plutôt que de lui expliquer comment faire germer un haricot. Quelles sont ces paroles?

11   *. . . et, j'ai crié:*

        — Je veux faire germer un haricot! Je veux faire germer un haricot! Je veux faire germer un haricot!

    Suggérez deux façons de transformer ces paroles en discours indirect.

12 Le second paragraphe représente la réponse du père (en discours direct) à ce qu'a «dit» Nicolas dans le premier paragraphe (mélange de récit et de discours direct sans guillemets). Il y a cependant dans le premier paragraphe une partie qui ne s'adresse pas aux parents de Nicolas. Laquelle? Le reste du paragraphe s'adresse-t-il à votre avis uniquement à ses parents?

13 Réemployez quelques-unes des techniques de Goscinny pour composer la réponse probable d'un enfant devant la situation suivante:

        — Mais comment se fait-il que ton pantalon/ta robe soit tout(e) déchiré(e)? Vraiment, tu exagères! Tu sais que nous devons partir dans dix minutes voir ta pauvre grand-mère à l'hôpital, et te voilà qui rentres dans un état pareil!

I I   VIGNEUX-SUR-SEINE

DÉPARTEMENT
DE L'ESSONNE

Tel. : 940 - 44 - 00

RÉPUBLIQUE FRANÇAISE
LIBERTÉ · ÉGALITÉ · FRATERNITÉ

VILLE DE VIGNEUX-sur-SEINE

FB-AF / E.J.   Le 3 Juin 1980

Madame, Monsieur,

Dans sa séance du 2 juin 1980, le Conseil Municipal a été amené à modifier les
tarifs des repas pris dans les restaurants scolaires et a également modifié les
participations financières des familles des garderies maternelles et du centre
municipal de loisirs.

Vous trouverez au verso de la présente le tableau des différents tarifs qui
seront appliqués à compter du 4 Juillet 1980.

Je voudrais attirer votre attention sur la création de la carte " mensuelle "
de restaurant scolaire primaire. En effet, pour faire suite aux nombreuses
demandes qui ont été formulées cette année, nous vous proposerons, dès le 1er
septembre, des cartes périodiques (l'année scolaire a été divisée en 8 périodes
et nous avons décompté les petites vacances et jours chômés).

Comme précédemment, la carte sera donnée en début de période au directeur de
l'école mais, tenant compte des réductions importantes qu'elle permet sur le
tarif de cantine (jusqu'à 360 frs pour une année scolaire), il ne pourra
être envisagé ni report, ni remboursement pour une absence de courte durée ou
pour un évènement fortuit (pont, grève de courte durée).

Par contre, sur présentation d'un certificat médical visé par le Directeur de
l'école, nous vous rembourserons (en tickets) toute période d'absence de plus
d'une semaine.

Cette proposition entraîne la suppression de la carte hebdomadaire, aussi bien
en primaire qu'en maternelle (où d'ailleurs elle n'était que peu employée) ;
aussi, nous vous rappelons que vous devez prendre dès maintenant toutes dispo-
sitions afin d'utiliser vos cartes avant le 3 juillet prochain.

Espérant que, malgré les augmentations que nous sommes obligés d'appliquer aux
divers tarifs des activités municipales en direction de l'enfance, nous pourrons
apporter une amélioration du service par la création de la carte mensuelle.

Je vous prie de croire, Madame, Monsieur, en l'assurance de mes meilleurs sen-
timents.

Le Maire
Lucien LAGRANGE.

PARTICIPATION FAMILIALE A COMPTER DU 4 JUILLET 1980

TARIF	QUOTIENT FAMILIAL	Restaurants scolaires			GARDERIES MATERNELLES à la semaine		CENTRE DE LOISIRS	
		Maternelles REPAS	Primaires REPAS	CARTE PERIODIQUE	Journée	1/2 Journée	Journée (repas compris)	1/2 Journée
I	moins de 800 F	6,00 F	7,00 F	100,00 F	24,00 F	18,00 F	10,00 F	3,00 F
II	de 801 à 1100 F	7,00 F	7,50 F1	120,00 F	36,00 F	18,00 F	12,00 F	6,00 F
III	de 1.101 à 1.400 F	7,50 F	8,00 F	130,00 F	40,00 F	24,00 F	14,00 F	8,00 F
IV	de 1.401 F à 1.700 F	8,00 F	9,00 F	140,00 F	46,00 F	36,00 F	16,00 F	8,00 F
V	de 1.701 à 2.000 F	8,50 F	10,00 F	145,00 F	50,00 F	40,00 F	17,00 F	10,00 F
VI	de 2.001 à 2.500 F	9,00 F	11,00 F	155,00 F	54,00 F	40,00 F	20,00 F	10,00 F
VII	supérieur à 2.501 F	10,00 F	12,00 F	170,00 F	60,00 F	40,00 F	22,00 F	10,00 F

Cartes Périodiques primaires   Validité :

du 16 . 9 . 80 au 17 . 10 . 80
du 20.10. 80 au 21 . 11 . 80
du 24.11. 80 au 23 . 12 . 80
du 5.1. 80 au 30 . 1 . 81

du 2 . 2 . 81 au 13 . 3 . 81
du 16. 3 . 81 au 24. 4 . 81
du 27. 4. 81 au 29. 5. 81
du 1. 6. 81 au 3 . 7 . 81

Au vif du texte

1   Cette communication officielle est à la fois courtoise et autoritaire. Citez un exemple indiquant une expression de politesse, et un exemple qui montre bien l'autorité du maire.

2   Expliquez l'emploi des guillemets pour le terme «mensuelle».

3   Sans les renseignements supplémentaires qui sont donnés entre parenthèses à plusieurs reprises dans le texte, un bon nombre des questions suscitées chez le lecteur resteraient sans réponse. Pour les exemples cités ci-dessous, écrivez la question anticipée par les renseignements fournis entre parenthèses.

Exemple

Renseignement: *(l'année scolaire a été divisée en 8 périodes et nous avons décompté les petites vacances et jours chômés)*

Question anticipée: Que veut dire «périodique» exactement?

                            ou

                            Mais qu'est-ce que c'est, une «période»?

(a) *(jusqu'à 360 frs pour une année scolaire)*

(b) *(pont, grève de courte durée)*

(c) *(en tickets)*

(d) *(où d'ailleurs elle n'était que peu employée)*

4
a été amené	*sera donnée*
pris dans les restaurants	*pourra être envisagé*
seront appliqués	*la suppression*
la création de	*sur présentation*
demandes qui ont été formulées	*peu employée*
a été divisée	

Dans les exemples ci-dessus on ne mentionne pas la personne qui a accompli ou qui devrait accomplir ces différentes actions.

(a) Quel(s) avantage(s) y a-t-il à présenter l'information de cette manière?

(b) Choisissez quatre de ces expressions, et identifiez-en l'agent le plus probable.

5   Les expressions suivantes appartiennent à la langue formelle de l'administration. Donnez-en les expressions familières équivalentes.

> *la présente* (para. 2)
>
> *visé* (para. 5)
>
> *vous devez prendre ... toutes dispositions* (para. 6)
>
> *Je vous prie de croire, Madame, Monsieur, en l'assurance de mes meilleurs sentiments* (para. 8)

6   Dans le monde des affaires et dans les communications officielles, il est normal de consacrer un paragraphe entier à chaque idée principale. Identifiez l'idée centrale de chaque paragraphe de cette lettre.

Exemple

Para. 1: annonce d'une modification de tarifs

7   *Par contre* (para. 5)

Identifiez les deux idées qui sont ici opposées. Quel effet obtient-on en plaçant la deuxième de ces idées dans un autre paragraphe?

8   *des différents <u>tarifs</u> qui seront appliqués* (para. 2)

la <u>carte</u> sera donnée ... (para. 4)

en début de <u>période</u> (para. 4)

des <u>réductions</u> importantes qu'elle permet (para. 4)

afin d'utiliser vos <u>cartes</u> (para. 6)

Pris hors de contexte, les mots soulignés dans les expressions ci-dessus n'auraient qu'un sens très général, et trop vague pour être utile. Pour chaque mot, identifiez l'information précédente dont le lecteur doit tenir compte pour bien l'interpréter.

9   Imaginez que vous êtes le parent d'un(e) écolier(-ère). Que lui diriez-vous pour lui expliquer l'essentiel de cette communication?

Le permissionnaire

Il a vingt ans. Soldat provisoire de la République. Dès qu'il quitte son camp d'entraînement, il se dépêche de planquer son uniforme . . . de le ranger au plus profond de son armoire pendant sa permission. Le griveton n'a plus la cote auprès des nanas, alors il se fringue en sorte de clochard avec une chemise sans col, comme celle qu'on nous donnait autrefois dans les sanatoriums de l'Assistance publique. Il se chausse de grosses pompes, il enfile un jean effrangé. Voilà, il est au dernier cri. L'Armée l'a tondu, mais ça tombe bien, c'est devenu *punk* . . . il garde toutes ses chances de séduire.

Il gèle, il vente, il neige . . . il s'en va en veste, le col large ouvert. En juillet, il enfilera de gros chandails. C'est à n'y rien comprendre, si ce n'est – me dit-on – qu'il *s'affirme* . . . que c'est de son âge.

Je dois donc faire un effort, me retourner trente ans en arrière pour entraver la coupure. Je faisais tout le contraire. Je me sapais le mieux . . . costard croisé, cravate bariolée, tatanes semelles de crêpe . . . les tifs à la brillantine. Toujours pour ces fameuses nanas qui, en ce temps de disette, vous préféraient style rastaquouère du marché noir.

Il ne s'agit que des apparences . . . Elles sont tellement trompeuses que je m'y perds. Je reviens donc à mon fils . . .

il se roule lui-même ses cigarettes . . . au Riz-la-Croix comme un poilu de 14–18. Moi, je courais après les toutes cousues, comme on disait, le luxe suprême.

On parle un peu . . . quelques bricoles. Il aime la nature, les montagnes, la vérité des eaux vives . . . ça lui vient des écologistes. Mais, en même temps, il pratique la moto, les compétitions . . . le risque maximum . . . il attaque sec dans les virages en tête d'épingle!

Mon rôle de père . . . je vais lui expliquer un peu ses contradictions . . . le mettre en garde. «Tu peux te tuer pour rien.» Il me répond: «T'as bien fait la guerre!» Il préfère, de temps en temps, que je lui fasse des chèques plutôt que des discours. Comme je le comprends!

On parle de sport . . . boxe . . . cyclisme. On se retrouve aux arrivées du Tour de France. Tout le monde ne peut pas en dire autant.

Voilà. Il va repartir, il se refringue en aviateur. Il est pressé, il s'était trompé d'heure pour son train . . . n'empêche, il appelle une dernière fille . . . Il glisse quelques livres dans son sac. Blaise Cendrars . . . Jack London. Il raffole de Jack London. De ce côté-là, je suis un heureux père écrivain. Il pourrait lire Roland Barthes et Robbe-Grillet des journées entières dans les arbres s'il voulait me faire de la peine!

Alphonse Boudard

Au vif du texte

1   Ce texte contient beaucoup de termes argotiques ou populaires, mais d'autres expressions dans le passage nous aident à comprendre leur signification. Dans les listes suivantes trouvez l'expression dans la colonne de droite qui éclaircit le terme populaire de la colonne de gauche.

planquer	*à la brillantine*
griveton	*semelles de crêpe*
se fringuer	*ranger (au plus profond)*
pompes	*de 14–18*
se saper	*il se chausse*
tatanes	*soldat*
les tifs	*une chemise sans col*
poilu	*cravate*

2   Les points de suspension (...) figurent souvent dans cet article. En voici trois exemples:

> *On parle de sport ... boxe ... cyclisme.*
>
> *Je me sapais le mieux ... costard croisé, cravate bariolée, tatanes semelles de crêpe ... les tifs à la brillantine.*
>
> *Il glisse quelques livres dans son sac. Blaise Cendrars ... Jack London.*

Récrivez chaque phrase *sans* points de suspension en faisant toute modification nécessaire pour en conserver le sens original.

Comparez votre nouvelle version avec l'original et commentez l'effet produit par l'emploi des points de suspension.

3   *on nous donnait autrefois* (para. 1)

me dit-on (para. 2)

on parle un peu (para. 5)

on se retrouve (para. 7)

Récrivez ces expressions de façon à éviter l'emploi du pronom «on».

4   Cet article commence par: «Il a vingt ans.»

A quel moment apprend-on l'identité de ce «il»?

Commentez l'effet ainsi produit sur le lecteur.

5   Quel est le métier du fils? et du père?

A quel(s) moment(s) dans le texte apprend-on ces deux faits?

6   Les concepts de contraste ou de contradiction d'une part («C'est à n'y rien comprendre» (para. 2) ou «Je faisais tout le contraire.» (para. 3)) et de similarité ou d'expériences partagées, d'autre part («Comme je le

comprends!» (para. 6)) sont très en évidence dans ce texte. Trouvez-en cinq exemples.

7   Trouvez deux phrases qui indiquent que le père est fier d'être en compagnie de son fils.

8   *Mon rôle de père* (para. 6)
    Voilà (para. 8)
    Récrivez ces deux phrases de façon à en exprimer le sens.

9   Vérifiez le sens du terme «en permission».
    Cet article commence par la description d'un événement. Lequel?
    Que serait-il «logique» de trouver à la fin de l'article, s'il s'agissait d'un récit conventionnel et équilibré?
    Quelle est, en réalité, l'intention des deux ou trois dernières lignes? Qu'est-ce que cela nous laisse supposer au sujet d'Alphonse Boudard?

10 Quel genre de structure l'auteur exploite-t-il pour créer l'atmosphère d'agitation qui règne à l'arrivée et au départ de son fils?

11 Expliquez la signification implicite de la phrase «T'as bien fait la guerre!» (para. 6)
    Boudard laisse passer cette remarque sans commentaire. Que pourrait-on donc supposer de sa propre attitude envers la guerre?

12 Quelle phrase est employée par l'auteur pour éviter le cliché «Les actes sont plus éloquents que les paroles»?

13 En français le verbe au temps présent peut représenter des actions simples et séquentielles.
    Exemples
            — Qu'est-ce qu'elle fait, cette dame dans la rue?
            — Eh bien, elle gare sa voiture. Maintenant elle traverse la rue, elle sort un revolver de son sac à main, elle entre dans la caisse d'épargne, elle ... Mais qu'est-ce que tu fais, toi?
            — Moi, je téléphone à la police!
    Mais cette forme verbale peut aussi exprimer une action routinière, répétée ou continue.
    Exemple
            — Je déteste le froid. Je mets tous mes vêtements les plus chauds, et je gèle quand même.

    (a) En tenant compte de leur contexte dans cet article, classez chacune des phrases suivantes dans l'une ou l'autre de ces deux catégories.
        il se roule lui-même ses cigarettes (para. 4)
        on parle un peu (para. 5)
        il appelle une dernière fille (para. 8)

je reviens donc à mon fils (para. 4)

il me répond (para. 6)

il neige ... il s'en va en veste (para. 2)

(b) Dans quelle mesure est-il possible de classer sans équivoque les phrases suivantes dans l'une ou l'autre catégorie?

il enfile un jean effrangé (para. 1)

il se refringue en aviateur (para. 8)

14   *il enfilera* (para. 2)

je vais lui expliquer (para. 6)

il va repartir (para. 8)

Dans ces trois exemples on parle du «futur». Est-ce que ce «futur» représente toujours le même moment par rapport au «présent» de l'article (c'est-à-dire le moment où Boudard l'écrit)?

13 HOROSCOPE

DU 4 AU 17 FEVRIER

BELIER (21 mars – 20 avril). Vous ne devriez pas avoir de souci particulier au cours de ces journées. Sauf, peut-être, durant les toutes dernières. Vous pourriez être, alors, un peu trop distrait dans votre travail et commettre des gaffes difficiles à rattraper. Ce sont surtout les amitiés qui revêtiront de l'importance.

TAUREAU (21 avril – 20 mai). Il faudra vous défier de vos sauts d'humeur et, puis encore, de vos tendances aux railleries. Tout *cela*, qui vous paraît, à vous, de piètre importance, pourrait blesser quelqu'un à qui vous êtes, pourtant, profondément attaché. Faites au moins l'impossible pour éviter une brouille.

GEMEAUX (21 mai – 21 juin). Durant la première partie, vous consacrerez beaucoup de temps aux copains. Vous serez, en effet, très recherché et invité, vous jouerez un rôle vedette, vous serez l'organisateur numéro un des loisirs. Mais ensuite, vous vous retrouverez d'humeur studieuse et vous bûcherez ferme.

CANCER (22 juin – 22 juillet). Vous serez, vous aussi, l'objet d'attentions flatteuses et vous verrez se multiplier les occasions de sorties. Mais vous vous attacherez certainement à un ou une camarade beaucoup plus qu'aux autres. Il sera peut-être malaisé, alors, de pratiquer 'la solitude à deux' dont vous rêverez.

LION (23 juillet – 22 août). Vous serez peut-être un peu déçu par quelqu'un vers qui vous vous sentiez irrésistiblement attiré. Mais vous aurez tôt fait de porter vos regards ailleurs et celui que vous décou – vrirez alors sera paré de telles séductions que vous serez finalement content de ce qui est arrivé.

VIERGE (23 août – 22 septembre). Encore énormément de chance. L'événement le plus heureux que vous connaîtrez sera certainement une rencontre qui aura des raisons toutes particulières de vous enchanter. Mais vous *serez* ensuite *empêché de* sortir autant que vous le souhaitez car le travail sera lourd.

BALANCE (23 septembre – 22 octobre). Bien meilleur climat que durant le cycle précédent. Mais vous ne serez pas encore complètement à l'abri de petites contrariétés ou d'incidents mineurs surtout entre le vendredi 6 et le mardi 10. Passée cette seconde date, les amitiés revêtiront une importance extrême.

SCORPION (23 octobre – 21 november). Le plus grand ennui de ces journées viendra de vous seul: vous serez instable, vous aurez des réactions qui ne seront pas toujours comprises et risqueront de déconcerter l'entourage. Si vous parvenez à vous maîtriser davantage, vous obtiendrez de très vives satisfactions.

SAGITTAIRE (22 novembre – 20 décembre). Période animée et heureuse. Vous serez sans cesse entouré. L'essentiel sera de ne jamais refuser votre confiance. D'autant qu'il vous faudra certainement venir en aide à un ami en difficulté. S'il faut lui prêter quelque chose, n'hésitez pas. Le travail exigera de l'opiniâtreté.

CAPRICORNE (21 décembre – 19 janvier). Vous serez d'humeur facile, enjouée; vous aurez l'art de faire régner autour de vous une ambiance excellente. Le week-end des 7 et 8 sera un temps plus heureux encore que les autres car vous aurez l'opportunité d'assister à une réunion très réussie.

VERSEAU (20 janvier – 18 février). Vous serez de bout en bout d'une activité vraiment inlassable. Vous aurez à coeur de prendre une sérieuse avance sur le programme imposé et ce bel effort vous sera d'un grand profit. Les autres auront du mal à vous suivre. Votre exemple les impressionnera. Prestige en hausse.

POISSONS (19 février – 20 mars). Tout votre optimisme vous revient après les récentes journées d'incertitude. Vous bénéficiez d'une chance constante, surtout sur le plan affectif, et vos plus chers projets commencent à se réaliser. Vous pourriez avoir aussi une rentrée d'argent (sans doute le vendredi 13).

Au vif du texte

1 **Bélier**

Trois mots ajoutent un élément d'incertitude aux prévisions de ce paragraphe. Quels sont-ils?

2 **Scorpion**

Trouvez dans ce paragraphe deux affirmations dans lesquelles il serait possible de remplacer le mot «vous» par une expression du genre «la grande majorité des gens», de sorte que ces prévisions restent tout à fait raisonnables.

Puis récrivez ces phrases sous leur forme nouvelle.

3 **Sagittaire**

Relevez cinq mots qui donnent l'impression que le journaliste est sûr de ce qu'il dit.

Par quelles techniques fait-on sentir au lecteur qu'il est important?

4 Vierge: *Encore énormément de chance.*

Balance: *Bien meilleur climat que durant le cycle précédent.*

Sagittaire: *Période animée et heureuse.*

Verseau: *Prestige en hausse.*

Si cet horoscope était présenté à la radio ou à la télévision, il faudrait exprimer ces phrases autrement. Pourquoi seraient-elles insuffisantes? Mettez-les en langage parlé.

6 En quoi la formulation de ces prévisions est-elle différente d'une présentation scientifique (tel qu'un bulletin de météorologie, par exemple)?

7 Ecrivez vos propres horoscopes en français.

Attention! Ecrivez, dans la mesure du possible, des phrases courtes. Chaque signe de l'horoscope ci-dessus (cf p 51) comprend entre 42 et 49 mots (les formes d', l' etc. comprises!)

(a) Choisissez d'abord un signe du zodiaque (avec dates).

(b) Faites une prévision portant soit sur une semaine entière, soit sur une semaine divisée en deux (le début et la fin de la semaine; ou un jour précis et le reste de la semaine).

(c) Faites des prévisions sur un ou plusieurs des aspects suivants:

un trait de caractère, un élément de la personnalité

les relations avec les autres

le travail, la santé, la famille, l'école, etc.

Ces prévisions:

rédigez-les à la forme affirmative ou à la forme impérative

indiquez si elles sont favorables ou défavorables

dites si elles sont certaines (utilisez le futur ou le futur proche) ou provisoires (utilisez le futur + *peut-être/sans doute*, ou le verbe *devoir*, *pouvoir*, ou *falloir* au conditionnel + le verbe principal à l'infinitif)

Indiquez si elles sont nouvelles ou non (par rapport à la semaine précédente)

(d) Ajoutez une exception ou une condition.

(e) Faites une seconde prévision en choisissant de préférence un aspect qui n'a pas été énuméré ci-dessus.

(f) Conseillez ou mettez en garde contre un danger.

(g) Indiquez un changement de circonstance probable ou certain dans le courant de la semaine. (Cette section est plus facile si vous avez choisi de diviser la semaine en deux.)

Commencez cette section par le mot de liaison «Mais . . .»

(h) Si vos prévisions sont trop longues, supprimez ou combinez une ou plusieurs des directives données.

Sur le trottoir, Maigret demanda à sa compagne:

— Où allez-vous?

Un geste vague, indifférent, puis:

— Je vais au Moulin-Bleu s'ils veulent me reprendre . . .

Il l'observait avec un intérêt affectueux.

— Vous aimiez bien Couchet?

— Je vous l'ai dit hier: c'était un chic type . . . Et on n'en trouve pas beaucoup, je vous jure! . . . Quand on pense qu'un salaud l'a . . .

Il y eut deux larmes, puis plus rien.

— C'est ici, dit-elle en poussant une petite porte qui servait d'entrée des artistes.

Maigret, qui avait soif, pénétra dans un bar pour boire un demi. Il devait aller place des Vosges. La vue d'un appareil téléphonique lui fit penser qu'il n'était pas encore passé au Quai des Orfèvres et qu'il y avait peut-être du courrier urgent qui l'attendait.

Il appela le garçon du bureau.

— C'est toi, Jean? . . . Rien pour moi? . . . Comment? . . . Une dame qui attend depuis une heure? . . . En deuil? . . . Ce n'est pas Mme Couchet? . . . Hein? . . . Mme Martin? . . . J'arrive!

Mme Martin *en deuil*! Et elle l'attendait depuis une heure dans l'antichambre de la Police judiciaire!

Maigret ne connaissait encore d'elle qu'une ombre chinoise: l'ombre cocasse de la veille, sur le rideau du second étage, quand elle gesticulait et que ses lèvres s'agitaient pour de terribles diatribes.

— Cela arrive souvent! avait dit la concierge.

Et le pauvre bonhomme de l'Enregistrement, qui avait oublié son gant, était allé se promener tout seul dans l'obscurité des quais . . .

Et quand Maigret avait quitté la cour, à une heure du matin, il y avait du bruit contre une vitre!

Il monta lentement l'escalier poussiéreux de la P.J., serra, en passant, la main de quelques collègues, passa la tête par l'entrebâillement de la porte de l'antichambre.

Dix fauteuils de velours vert. Une table comme un billard. Au mur, le tableau d'honneur: deux cents portraits d'inspecteurs tués en service commandé.

Dans le fauteuil du milieu, une dame en noir, très raide, une main tenant son sac à poignée d'argent, l'autre posée sur le pommeau d'un parapluie.

Des lèvres minces. Un regard ferme braqué droit devant elle.

Elle ne broncha pas en se sentant observée.

Les traits figés, elle attendait.

Au vif du texte

1 Qui est Couchet, et qu'est-ce qui lui est arrivé? A partir de quelle information donnée dans le texte pouvez-vous le savoir?

2 *Sur le trottoir, Maigret demanda à sa compagne:*
  — Où allez-vous?
  Un geste vague, indifférent, puis:
  — Je vais au Moulin-Bleu s'ils veulent me reprendre . . .
  Il l'observait avec un intérêt affectueux.
  — Vous aimiez bien Couchet?
  — Je vous l'ai dit hier: c'était un chic type . . .

  Dans les phrases soulignées, l'identité de l'interlocuteur n'est pas précisée. Le lecteur n'a pourtant pas de difficulté à suivre ce qui se passe.

  Qui est-ce qui parle?

  Quels sont les éléments du texte qui vous permettent d'identifier les interlocuteurs?

3 *C'était un chic type . . . Et on n'en trouve pas beaucoup, je vous jure . . . Quand on pense qu'un salaud l'a . . .*

  Quel est le rapport entre l'emploi des trois points de suspension (. . .) ici et «les larmes» de la ligne suivante?

4 Quelle image le lecteur se fait-il de «la compagne de Maigret» et de Mme Martin? Quelle est l'information qui, dans chaque cas, aide le lecteur à se faire une telle image?

5 Quelles actions ont été accomplies avant et juste après le paragraphe qui commence par «Maigret, qui avait soif, . . .»

6 *— C'est toi, Jean? . . . Rien pour moi? . . . Comment? . . . Une dame qui attend depuis une heure? . . . En deuil? . . . Ce n'est pas Mme Couchet? . . . Hein? . . . Mme Martin? . . . J'arrive!*

  Dans quelles parties de cette conversation téléphonique est-ce que Maigret ne fait que répéter des renseignements fournis par le garçon de bureau?

  Pour quelles raisons de telles répétitions se produiraient-elles dans le contexte d'une conversation téléphonique authentique?

  La répétition, ici, apporte-t-elle quelque chose d'autre?

7 Mettez la conversation téléphonique à la forme indirecte.
  Exemple
  Après avoir vérifié que c'était bien Jean au bout du fil . . .

8   Qu'est-ce que «la P.J.»?

Que suggère l'emploi de simples initiales?

9   *— Cela arrive souvent! avait dit la concierge.*

Par rapport aux autres événements de ce passage, quand est-ce que Maigret a parlé à la concierge?

Comment ce rapport temporel se manifeste-t-il dans la langue?

10   *Il monta <u>lentement</u> l'escalier poussiéreux de la P.J. ...*

L'usage du mot «lentement» est quelque peu inattendu dans le contexte. Quelle(s) information(s) dans les paragraphes précédents amèneraient le lecteur à attendre ici un autre mot que «lentement»?

11   *Dix fauteuils de velours vert. Une table comme un billard. Au mur, le tableau d'honneur: deux cents portraits d'inspecteurs tués en service commandé.*

Dans le fauteuil du milieu, une dame en noir, très raide, une main tenant son sac à poignée d'argent, l'autre posée sur le pommeau d'un parapluie.

Des lèvres minces. Un regard ferme braqué droit devant elle.

Commentez la structure des phrases dans cet extrait.

En quoi cette structure participe-t-elle

(a) à l'élaboration du récit?

(b) à l'image que le lecteur se fait de Maigret?

12   Au cours de ce passage l'action se déroule dans plusieurs lieux différents. Identifiez-les.

▸ 13   Faites la description de votre salle de classe, de votre chambre, d'un voisin, de la caissière au supermarché, etc., en imitant le style de Simenon lorsqu'il décrit l'antichambre ou lorsqu'il décrit Mme Martin attendant Maigret.

14   Madame Martin était en deuil et elle l'attendait depuis une heure dans l'antichambre de la Police judiciaire.

Comparez cette version à la version originale. Comment change-t-elle l'impression que le lecteur se fait des événements?

N'importe quelle phrase de ce genre peut subir une telle transformation.

Exemple

Je lui ai demandé cinq fois de me répondre mais il n'a pas voulu.

Je lui ai demandé cinq fois de me répondre! Mais il n'a pas voulu!

Faites une phrase en employant cette même technique.

LE VOYAGE A KHONOSTROV

La locomotive poussa un cri strident. Le mécanicien comprit que le frein la serrait trop fort et tourna la manivelle dans le bon sens, pendant qu'un homme à casquette blanche sifflait à son tour pour avoir le dernier mot. Le train s'ébranla lentement. La gare était humide et sombre et il n'aimait pas y rester.

Il y avait six personnes dans le compartiment, quatre hommes et deux femmes. Cinq d'entre eux échangeaient des vocables et pas le sixième. En partant de la fenêtre, sur la banquette d'en face et de gauche à droite, c'étaient Jacques, Raymond, Brice et une jeune femme blonde, très jolie, Corinne. En face d'elle, il y avait un homme dont on ne connaissait pas le nom, Saturne Lamiel, et, en face de Raymond, une autre femme, brune, pas très jolie, mais elle montrait ses jambes. Garamuche, elle s'appelait.

— Le train repart, dit Jacques.
— ILfait froid, dit Garamuche.
— On joue aux cartes? dit Raymond.
— Foutre non! dit Brice.
— Vous n'êtes pas galant, dit Corinne.
— Si vous vous mettiez entre Raymond et moi? dit Jacques.
— Mais oui, dit Raymond.
— C'est une bonne idée, dit Brice qui n'était pas galant.
— Elle sera en face de moi, dit Garamuche.
— Je vais venir à côté de vous, dit Brice.
— Ne bougez pas, dit Raymond.
— Venez donc, dit Jacques.
— Je viens, dit Corinne.

Ils se levèrent tous à la fois et se mélangèrent, et il faut recommencer depuis le début. Seul, Saturne Lamiel n'avait pas changé de place, et il continuait à ne rien dire. De sorte que, en partant de la fenêtre, sur l'autre banquette et de gauche à droite, il y avait Brice, Garamuche, un espace vide et Saturne Lamiel. En face de Saturne Lamiel, un espace vide. Et puis Jacques, Corinne et Raymond.

44

Au vif du texte

1 **Paragraphe 1**

   (a) il poussa un cri strident

   il la serrait trop fort

   il s'ébranla lentement

   Dans chacune de ces phrases trouveriez-vous plus normal que le pronom «il» représente une personne ou un animal ou un objet?

   (b) Complétez les phrases suivantes avec les mots employés dans le passage.

   .... *poussa un cri strident.*

   .... *la serrait trop fort.*

   .... *s'ébranla lentement.*

   Les mots tirés du texte correspondent-ils à ce que vous auriez prévu en (a)? Expliquez l'effet créé par l'auteur.

   (c) Trouvez un autre exemple dans ce premier paragraphe où l'auteur fait appel à la même technique.

   (d) Les tout premiers mots d'une phrase sont d'une importance capitale. Ils attirent l'attention du lecteur.

   Relevez les mots qui sont ainsi mis en relief dans le premier paragraphe. S'agit-il, pour la plupart, de mots qui se réfèrent à un objet animé ou inanimé?

   (e) the whistle blew

   the driver/engineer released the brake

   the stationmaster blew his whistle

   the train pulled out

   Donnez la traduction française la plus simple possible de chacune des phrases ci-dessus.

   Quelles sont les autres idées exprimées par l'auteur, en dehors du sens premier, dans les phrases ci-dessus?

2 Expliquez le sens exact de «bon» dans la phrase «il tourna la manivelle dans le bon sens».

3 Quel aspect structurel les quatre premières phrases de ce paragraphe ont-elles en commun?

4 Le chef de gare veut «avoir le dernier mot». Quels attributs sont ainsi accordés au train?

5 **Paragraphe 2**

Par quels moyens l'auteur parvient-il à attirer l'attention du lecteur sur le *nombre* de voyageurs dans le compartiment?

6   *dont <u>on</u> ne connaissait pas le nom*

«on»: de qui s'agit-il exactement?

Les cinq autres passagers connaissent Saturne Lamiel moins bien que le lecteur. Quelles indications du texte nous le font mieux connaître?

7   *sur la banquette <u>d'en face</u>*

L'emploi de l'expression «en face» dans ce contexte vous semble-t-il problématique? Quelle réponse donneriez-vous à la question «en face de qui?»?

Combien y avait-il de passagers assis «en face»? Combien y en avait-il de l'autre côté du compartiment? Par rapport à qui cette banquette serait-elle «en face»? Pensez-vous qu'il y ait un avantage stylistique à décrire le compartiment dans cette perspective? Lequel?

8 L'auteur ne donne pas la même quantité d'information sur tous les passagers qui se trouvent dans le compartiment. Notez les différents renseignements donnés, puis classez les personnages selon le degré d'attention qu'on leur prête.

9   *mais elle montrait ses jambes*

En faisant cette observation, que suggère l'auteur au sujet de Garamuche?

10 Pour les deux femmes dans le compartiment il y a une description physique. On ne trouve pas de telles descriptions pour les hommes.

(a) Que pourrait-on donc supposer au sujet de l'auteur?

(b) Faites le contraire maintenant. Décrivez les hommes.

11   Elle s'appelait Garamuche.

    Garamuche, elle s'appelait.

Comparez ces deux phrases.

Quel effet l'auteur a-t-il obtenu en optant pour la seconde?

12 De quelles façons l'auteur parvient-il à donner l'impression que Saturne Lamiel est un cas à part?

13 En quoi l'expression «échangeaient des vocables» est-elle différente d'expressions telles que «causaient» ou «parlaient entre eux».

14 **La conversation**

Comparez cette conversation à celle qu'on trouve au début de l'extrait de *l'Ombre chinoise*. En quoi les deux présentations diffèrent-elles?

15 Quel serait l'effet de l'omission de «dit Jacques», «dit Garamuche», etc. (c'est-à-dire, si les interlocuteurs n'étaient pas identifiés)?

16 — *On joue aux cartes? ... Raymond.*

    — *Foutre non! ... Brice.*

    — *Si vous vous mettiez entre Raymond et moi? ... Jacques.*

Pourquoi le mot «dit» est-il insuffisant dans ces échanges? Remplacez-le par un mot plus approprié à chaque fois.

17 En quoi le mot «dire» est-il différent des mots suivants?

remarquer, observer, s'exclamer, protester, rouspéter, constater, répondre, riposter, rétorquer, s'écrier, suggérer, souffler, grommeler, proférer, proposer, insister, exiger, ajouter.

18 Récrivez la conversation en mettant d'autres mots à la place de 'dit'.

— *Le train repart,* .... *Jacques.*

— *Il fait froid,* .... *Garamuche.*

— *On joue aux cartes?* .... *Raymond.*

— *Foutre non!* .... *Brice.*

— *Vous n'êtes pas galant,* .... *Corinne.*

— *Si vous vous mettiez entre Raymond et moi?* .... *Jacques.*

— *Mais oui,* .... *Raymond.*

— *C'est une bonne idée,* .... *Brice qui n'était pas galant.*

— *Elle sera en face de moi,* .... *Garamuche.*

— *Je vais venir à côté de vous,* .... *Brice.*

— *Ne bougez pas,* .... *Raymond.*

— *Venez donc,* .... *Jacques.*

— *Je viens,* .... *Corinne.*

19 De quelles façons l'auteur nous rend-il sensibles au manque de galanterie de Brice?

20 On sait *qui* parle, mais dans quelle mesure est-il possible de savoir *à qui* sont adressées les différentes paroles?

21 Que finit-on par savoir sur le caractère des différents personnages et sur leurs rapports?

22 Une autre façon de rendre moins stérile la description d'une conversation consiste à faire allusion au ton sur lequel les paroles sont prononcées, ou à rajouter quelque renseignement sur le caractère, l'attitude ou même la position des locuteurs.

Exemple

— Le train repart, dit Jacques, indifférent.

— Ne bougez pas, dit Raymond, toujours coincé entre les deux hommes.

Choisissez trois autres lignes de cette conversation et rajoutez quelques informations pour donner une idée plus complète des circonstances dans lesquelles on les a dites.

23

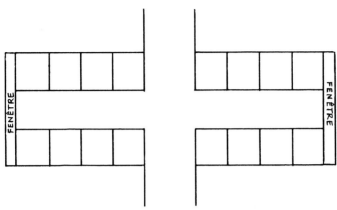

D'après les renseignements fournis au deuxième paragraphe, situez les passagers tels qu'ils se trouvent dans le compartiment.

Compte tenu du fait que Saturne Lamiel ne s'est pas déplacé, quel problème rencontre-t-on quand on essaie de resituer les passagers d'après les renseignements donnés au quatrième paragraphe? D'où vient le problème?

24 Dans les deuxième et troisième paragraphes, l'auteur nous présente six personnages, et on finit par les connaître tous de nom. Combien de fois nomme-t-il chacun des passagers?

25 Quel est le thème du premier paragraphe?

Quel est le thème du deuxième paragaphe?

Quel est le thème de la conversation?

Classez-les dans le sens «moins personnel» à «plus personnel».

Dans quel sens l'auteur a-t-il dirigé l'attention du lecteur?

MONSIEUR METEO

Pire que les Huns, pire que la rage, pire que l'inflation, pire que tout, la grippe arrive, elle est à nos portes, nous saute aux amygdales, elle nous submerge les cordes vocales, s'immisce dans nos petits poumons chéris, nous fait cracher deux bols de miasmes tous les matins, nous arrache des quintes insolubles, nous transforme en calorifère et fait bouillir nos artères. Par dessus le marché cette salope vient de Bangkok, moyen inventé par les Thaïlandais pour exporter leurs massages. Enfin un peu d'animation dans le morne hiver qui est le nôtre. A ce propos, je précise à qui veut bien m'entendre que le meilleur moyen d'attraper la grippe de Bangkok est de vivre dans le brouillard. Ce phénomène naturel est constitué de minuscules particules d'eau en suspension dans l'air. Quiconque éternue dans ce potage diffuse par là même des millions de germes microbiens s'accrochant au brouillard. Celui qui en respire ensuite le fumet est quasiment certain d'attraper le virus et se retrouve au lit. Résultat des courses en cas de brouillard n'éternuez jamais. D'ailleurs il devrait y avoir une loi pour interdire ce genre de débordements. J'en causerai à Ralite. Amen.

Aujourd'hui, encore des brouillards matinaux localement givrants et grippants de l'Aquitaine à la Bourgogne, soleil ensuite, mais une zone de pluie traversera dans la journée presque tout le pays en commençant le matin par la Manche, finissant le soir sur les Pyrénées et les Alpes. En montagne, il neigera à partir de 1 500 mètres. Les températures fraîchiront par le nord-ouest dans un ciel variable. Demain : la zone pluvieux-neigeuse n'intéressera plus que l'est des Alpes et la Corse. Le mistral et la tramontane s'établiront. Une nouvelle perturbation fera son apparition sur le nord-ouest le matin gagnant la moitié nord du pays en fin de journée. Moitié sud ciel variable.

Alain GILLOT—PETRE

Au vif du texte

1   Ce bulletin s'intitule «Monsieur Météo». Un titre plus conventionnel serait simplement «Météorologie». Qui est ce «Monsieur»? Qu'implique-t-on en le nommant ainsi? Comment sent-on la présence de cette personne dans le texte?

2   *Pire que les Huns, pire que la rage, pire que l'inflation, pire que tout …*

   Jusqu'ici on ne sait pas très bien à quoi l'auteur fait allusion, où il veut en venir. Proposez deux ou trois choses qui, à part «la grippe», pourraient servir de conclusion à cette liste.

   Exemple

      la cuisine anglaise

3   L'idée principale de la première phrase est «la grippe arrive». Dans le reste de la phrase quels éléments servent à décrire «la grippe» elle-même, et quels éléments expliquent la nature de son arrivée?

4   En quoi «les Huns», «la rage» et «l'inflation» diffèrent-ils entre eux? Quelles ressemblances y a-t-il entre ces trois choses et «la grippe»?

5   Dans la première phrase, comment l'écrivain parvient-il à donner l'impression que «la grippe» est un objet animé?

6   Il est bien évident que «la grippe» constitue le thème central du premier paragraphe. Ce mot, cependant, n'y figure que deux fois. Par quels autres mots est-il remplacé pour éviter la répétition?

7   Trouvez un exemple de chacune des idées suivantes dans le premier paragraphe:

      une protestation

      un conseil

      une assurance

      une exagération

      une insulte

      la constatation d'un fait

      une prévision

8   Etant donné que Ralite était Ministre de la Santé à l'époque, d'où vient l'humour de la remarque «J'en causerai à Ralite»?

9   Les expressions «nos/nous», «Quiconque», «n'éternuez jamais» servent toutes à impliquer le lecteur, mais de façons différentes. Dans chaque cas expliquez le rapport établi entre l'écrivain, le lecteur et le sujet de l'article.

10 Qu'est-ce qu'il y a d'anormal dans l'emploi du mot «intéressera» dans le contexte de «la zone pluvieux-neigeuse n'intéressera plus que l'est des Alpes et la Corse» ?

11 *J'en causerai à Ralite. Amen.*

Qu'est-ce que l'emploi ici du mot «Amen» pourrait laisser entendre au sujet de Ralite?

De plus, à quoi sert le mot «Amen»?

12 Dans l'ensemble, le premier paragraphe traite de l'hiver, et le second de la météo – mais il y a un élément de chevauchement. A quel(s) moment(s) parle-t-on du temps au premier paragraphe? et de la maladie au second paragraphe?

13 *le morne hiver qui est le nôtre* (para. 1)

une nouvelle perturbation fera son apparition (para. 2)

Comment peut-on simplifier l'expression de ces deux idées?

14 *Enfin un peu d'animation* ...

Résultat des courses en cas de brouillard ...

Aujourd'hui, encore ...

soleil ensuite ...

Moitié sud ciel variable

Récrivez les expressions ci-dessus en fournissant les mots sous-entendus par l'auteur.

I7 CONSTAT AMIABLE

Au vif du texte

1 Trouvez dans le formulaire l'équivalent français des termes suivants:

lane	within 24 hours
roadway	(car) being paid off
first name	first aid
a roundabout	damage
date issued	expiry date
to encroach	(in the same way) as for side 1
assessment	membership number

2 C.C.P. signifie 'Compte Chèque Postal'. Quel est le sens des autres abbréviations employées?

Dépt	majusc.
N°	Sté
immatricul.	dégag^t
d'assur.	

3 *un rapport de police*
 n° police dans cette Société

Précisez le sens du mot «police» dans ces deux contextes.

4 *mettre une croix (X) dans chacune des cases utiles*
 indiquer le nombre de cases marquées d'une croix
 voir déclaration de l'Assuré au verso

Ces expressions ne constituent pas des demandes d'information (c-à-d, ce ne sont pas des questions). Quelle est leur fonction?

Trouvez trois autres cas où de telles expressions sont employées dans ce constat et récrivez-les telles qu'elles paraîtraient dans un contexte moins formel (dans une lettre personnelle ou une conversation, par exemple).

constat amiable d'accident automobile

à signer obligatoirement par les DEUX conducteurs. Ne constitue pas une reconnaissance de responsabilité, mais un relevé des identités et des faits

date de l'accident: le _____ 19 ___, heure : ___ **lieu** { précis _____ agglomération [oui] [non] Dépt ___

blessés même légers : [oui] [non]   **dégâts matériels autres qu'aux véhicules A et B** [oui] [non]

témoins (s'il s'agit de passagers d'un véhicule, préciser duquel) noms et adresses : _____

véhicule A

Venant de _____

Allant vers _____

Marque, type _____

N° d'immatricul. _____
(ou n° du moteur)

assuré souscripteur (*voir attestation d'assur.*)

Nom (majusc.) _____
Prénom

Adresse _____

Sté d'Assurances _____

N° de police _____
ou de Sociétaire

N° carte verte _____
(*Pour les étrangers*)

Attestation valable jusqu'au _____

Agence, bureau ou courtier _____

conducteur (*voir permis de conduire*)

Mettre une croix (x) dans chacune des cases utiles

	A		B	
1		roulait dans le même sens et sur la même file		1
2		roulait dans le même sens et sur une file différente		2
3		roulait en sens inverse		3
4		provenait d'une chaussée différente		4
5		s'engageait sur une place à sens giratoire		5
6		roulait sur une place à sens giratoire		6
7		en stationnement		7
8		en stationnement en double file		8
9		en stationnement hors agglomération		9
10		avançait		10
11		reculait		11
12		doublait (dépassait)		12
13		changeait de file		13
14		virait à droite		14

---

véhicule B

Venant de _____

Allant vers _____

Marque, type _____

N° d'immatricul. _____
(ou n° du moteur)

assuré souscripteur (*voir attestation d'assur.*)

Nom (majusc.) _____
Prénom

Adresse _____

Sté d'Assurances _____

N° de police _____
ou de Sociétaire

N° carte verte _____
(*Pour les étrangers*)

Attestation valable jusqu'au _____

Agence, bureau ou courtier _____

conducteur (*voir permis de conduire*)

A

Nom
(majusc.)

Prénom

Adresse

Permis de conduire n°

A1 A B C D E F délivré le
(entourer la catégorie)

par la Préfecture de

permis valable jusqu'au
(pour les catégories CDE et les taxis)

Indiquer par une flèche (→) le point de choc initial

dégâts apparents

observations

---

15   virait à gauche

16   virait à une flèche verte (de dégag·)

17   quittait un stationnement

18   prenait un stationnement

19   s'engageait dans un parking, un lieu privé, un chemin de terre

20   sortait d'un parking, d'un lieu privé, d'un chemin de terre

21   empiétait sur la partie de chaussée réservée à la circulation en sens inverse

22   roulait en sens interdit

23   inobservation d'un signal de priorité

24   faisait un demi-tour

25   ouvrait une portière

← indiquer le nombre de cases marquées d'une croix →

signature des conducteurs
A
B

B

Nom
(majusc.)

Prénom

Adresse

Permis de conduire n°

A1 A B C D E F délivré le
(entourer la catégorie)

par la Préfecture de

permis valable jusqu'au
(Pour les catégories CDE et les taxis)

Indiquer par une flèche (→) le point de choc initial

dégâts apparents

observations

Voir déclaration de l'Assuré au verso →

Ne rien modifier au constat après séparation des exemplaires des 2 conducteurs. En cas de blessures ou en cas de dégâts matériels autres qu'aux véhicules A et B, relever les indications d'identité, d'adresse, etc.

déclaration à remplir par l'assuré et à transmettre dans les cinq jours à son assureur

(dans les 24 heures en cas de vol du véhicule)

1. nom de l'assuré :

(Sociétaire ou Souscripteur du contrat)

C. C. P. N° _____ Centre de _____ profession _____ n° tél. _____

2. plan

Désigner les véhicules par **A** et **B** conformément au recto.

Faire figurer :
— le tracé des voies,
— la direction des véhicules,
— leur position au moment du choc.

(Modèles à utiliser de préférence):

moto   auto   camion

3. circonstances de l'accident :

4. A-t-il été établi un **procès-verbal de gendarmerie ?** OUI NON   un **rapport de police ?** OUI NON

Si oui : Brigade ou Commissariat de _____

5. conducteur du véhicule assuré : Est-il le conducteur habituel du véhicule ?.............. OUI NON

Réside-t-il habituellement chez l'Assuré ?....... OUI NON   Est-il célibataire ?.... OUI NON

Date de naissance _____ Profession _____ Est-il salarié de l'Assuré ? OUI NON

Sinon à quel titre conduisait-il ?

6. véhicule assuré : Lieu habituel de garage —————— Date 1ère mise en circulation ——————

Quel était le motif du déplacement? ——————

EXPERTISE des DÉGATS : **Garage où le véhicule sera visible** ——————

Quand? —————— Éventuellement téléphoner à : ——————

Si le véhicule
— a été volé, indiquer son numéro dans la série du type (voir carte grise) : ——————
— est gagé : nom et adresse de l'Organisme de crédit ——————
— est un poids lourd : poids total en charge ——————
— était attelé à un autre véhicule (tractant ou remorqué) au moment de l'accident, indiquer le n° d'immatriculation de cet autre véhicule : —————— poids total en charge : ——————

nom de la Société qui l'assure : —————— n° police dans cette Société : ——————

7. dégâts matériels autres qu'aux véhicules **A** et **B** (nature et importance ; nom et adresse du propriétaire) :

8. blessé(s) NOM..................

Prénom et âge ....

Adresse ....

Profession..................
Degré de parenté avec l'assuré ou le conducteur..................
Est-il salarié de l'assuré?..................
Nature et gravité des blessures.....

Situation au moment de l'accident (piéton, passager du véhicule **A** ou **B** etc.) ....
1ers soins ou hospitalisation à .....

OUI ☐ NON ☐

OUI ☐ NON ☐

A —————— , le —————— 19 ——

Signature de l'assuré :

67

5   *venant de* ....

       allant vers ....

       Marque, type ....

De telles expressions ne donnent aucun renseignement sur la personne qui a fait l'action, le lieu de l'action, etc. D'ailleurs, du point de vue de la personne qui remplit le constat, il s'agit d'une *interrogation*, et du point de vue de la compagnie d'assurances, il s'agit d'une *déclaration*.

Récrivez les trois expressions citées de façon plus complète:

(a) comme si vous étiez l'assuré. Vous remplissez le formulaire et bien entendu, vous vous posez des questions à ce propos.

(b) comme si vous étiez un agent de la compagnie d'assurances en train de reconstituer les événements pour déterminer la validité de la déclaration.

6   Dans la grande majorité des cas les points présentés dans la colonne centrale se convertissent en phrases complètes avec la simple addition de «Le véhicule A ...» ou «Le véhicule B ...».

Il y a pourtant quatre cas où ce procédé serait insuffisant. Identifiez-les.

De quel mot supplémentaire (le même dans chaque cas) a-t-on besoin pour créer le lien entre «Le véhicule A ...» et le reste de la phrase?

En quoi ce mot diffère-t-il du premier mot des autres expressions?

7   Imaginez que vous avez eu un accident. Complétez le «plan» (Déclaration: para. 2), puis expliquez les «circonstances de l'accident» (para. 3).

8   Imaginez que vous aidez un(e) ami(e) qui éprouve de la difficulté à remplir ce formulaire. Recomposez les questions 4 et 5 de la Déclaration de façon à les rendre plus faciles à la compréhension.

Vous aimez les nuits tranquilles...
chaque année le **guide Michelin France**
vous propose un choix révisé d'hôtels agréables, tranquilles, bien situés.

OUESSANT (Ile d') ** – Carte Michelin n° 🎟🎟🎟 - pli 1 – 1 450 h. (les Ouessantins).

L'excursion en bateau à Ouessant qui s'adresse surtout aux touristes non sujets au mal de mer est du plus haut intérêt : elle permet de voir le goulet de Brest, la pointe de St-Mathieu, le chenal du Four, le fameux écueil des Pierres Noires et l'écueil des Pierres Vertes, les îles de Béniguet et Molène, le passage du Fromveur. L'île, elle-même, est fort curieuse.

La traversée est possible en hydroglisseur avec escale au Conquet *(de mai à octobre)*.

Accès : *voir le guide Michelin France de l'année.*

Au cours de la traversée, on mouille généralement en vue de **Molène** pour une courte escale. L'exiguïté des parcelles livrées à l'élevage, dans les minuscules radeaux de terres émergées qui composent cet archipel, est évoquée dans la plaisanterie suivant laquelle une vache de Molène ayant les quatre pattes dans un champ en broute un second et en... fume un troisième.

UN PEU DE GÉOGRAPHIE

La nature. — Ouessant, longue de 7 km, large de 4 km, domine la mer de 65 m en sa partie la plus élevée. Elle est célèbre dans les annales maritimes pour les difficultés de navigation qu'offrent ses parages, par suite de la brume fréquente, d'innombrables récifs et des courants violents dont les plus connus sont le Fromrust au Nord-Ouest, et le Fromveur (chanté par H. Queffélec, *voir p. 35)*, ramification du Gulf-Stream, au Sud-Est. Les naufrages ne s'y comptent plus.

L'hiver, le vent règne en maître et pousse, sur les côtes rocheuses et déchiquetées, les flots qui déferlent rageusement pendant des périodes qui peuvent atteindre dix jours. Le tableau prend souvent un aspect sinistre, quand le brouillard se met de la partie et que les lugubres avertissements des sirènes se mêlent aux mugissements du vent.

L'été y ramène le calme et une atmosphère plus sereine, analogues à ceux des côtes de Bretagne. Le climat est très doux. En janvier et février, la température moyenne y est la plus élevée de France.

D'importantes colonies d'oiseaux de mer nichent dans les falaises de l'île et sur les îlots avoisinants. En automne, des oiseaux migrateurs venus du Nord de l'Europe font escale sur les côtes, attirés par les feux des deux phares.

Le rattachement de l'archipel d'Ouessant au Parc Naturel Régional d'Armorique contribue depuis 1969 à préserver l'intégrité de ses sites et le caractère de son habitat traditionnel.

Les hommes et leurs travaux. — Les femmes travaillent la terre, pendant que les hommes sont à la mer, comme marins de l'État, du commerce ou comme pêcheurs langoustiers. La culture, quelques champs de pommes de terre, d'orge et, dans une moindre proportion, de froment, couvre à peine 1/10ᵉ de la surface de l'île.

— **138** —

De petits moutons, certains à toison brune, broutent une herbe maigre, mais chargée de sel; leur chair est appréciée. Constamment dehors, ils s'abritent, par coup de noroît ou de suroît, derrière des murettes (goaskedou) de pierres sèches disposées en étoile. Alors qu'au printemps et en été ils sont attachés deux par deux à un piquet, ils vivent en liberté le reste de l'année; des entailles à l'oreille permettent à leurs propriétaires de les reconnaître.

Les coutumes. — Le rôle important joué par la femme d'Ouessant dans la vie du ménage était consacré par un vieil usage qui accordait jadis aux filles l'initiative de la demande en mariage. Le costume féminin est sévère : fait de drap noir, il comporte une jupe courte et une petite coiffe; les cheveux ramenés en arrière sont épars sur les épaules.

Le caractère des habitants se reflète dans les coutumes qui entourent la disparition en mer de l'un des leurs. La famille et les amis se réunissent chez les parents de l'absent, pour veiller et prier toute la nuit autour d'une petite croix de cire qui le symbolise. Le lendemain, au cours de l'enterrement, la croix est déposée à l'église dans un reliquaire; elle sera transportée plus tard, à l'occasion d'une grande solennité, dans un mausolée du cimetière qui rassemble les croix de tous les disparus. Ces petites croix de cire sont appelées croix de « Proëlla », mot qui signifie : retour des âmes au pays.

VISITE (1)

Le bateau accoste au Stiff (quelquefois au port de Lampaul, quand la mer le permet). Un service d'autobus assure la liaison avec Lampaul.

Côte Nord-Ouest. — Elle fait une impression profonde par ses **rochers ∗∗∗** extraordinairement déchiquetés.

Pointe de Pern. — Extrémité Ouest de l'île, elle se prolonge dans l'océan par des rochers et des récifs sur lesquels vient écumer la houle.

Chapelle N.-D.-de-Bon-Voyage. — Près du village de Loqueltas. Les gens d'Ouessant y viennent, tous les deux ans, en pèlerinage le jour du pardon de l'île *(1er ou 2e dimanche de septembre).*

ILE D'OUESSANT — voir légende p. 46

Phare de Créac'h. — *On ne visite pas.*
Ce phare indique, avec le phare anglais de Lands End, l'entrée de la Manche; il possède deux étages d'optiques tournants. Le feu est constitué par quatre lampes donnant une puissance lumineuse de 16 millions de candelas et une portée moyenne dépassant 60 km.

Niou. — *Visite en avril et mai, de 14 h à 17 h; du 1er juin au 30 septembre, de 10 h à 12 h et de 14 h à 19 h. Fermé les dimanches et jours fériés. Entrée : 3 F.*
Deux habitations traditionnelles d'Ouessant ont été aménagées. Dans l'une est conservé un mobilier typique de l'île; dans l'autre, une collection d'outils agraires et de costumes.

Lampaul. — C'est la capitale de l'île. Remarquer les maisons anciennes fort bien entretenues. Dans le cimetière, au Sud de l'église, un petit monument abrite les croix de Proëlla *(voir ci-dessus).* Le port très exigu et exposé à l'Ouest est pittoresque; au Sud s'étend la vaste plage de sable du Corce.

AUTRES SITES

Route de Ty-Corn. — Sinueuse, mais très pittoresque, elle offre de nombreuses vues sur la baie de Lampaul et sa côte Nord et, au loin, sur le phare de la Jument.

Pointe du Stiff. — Du phare *(visite de 10 h à 12 h et de 14 h à une heure avant l'allumage),* très belle vue sur les îles et le continent. Un feu porte à 40 km, grâce à une lampe à incandescence de 6 000 W donnant une puissance de 1,2 million de candelas.

Pointe d'Arland. — Site marin à l'Ouest de l'île.

Pointe de Cadoran. — Vue sur la baie de Beninou et l'île de Keller.

PAIMPOL – Carte Michelin n° 230 - pli 8 - 8 498 h. (les Paimpolais) – *Lieu de séjour, p. 43 – Plan dans le guide Michelin France.*

Au vif du texte

1   Complétez l'analyse suivante de la structure de l'article sur l'Ile
    d'Ouessant dans le Guide Vert de Michelin.

Titre	Sections majeures	Sections mineures	Autres sections

2   Récrivez le début de toutes les sections regroupées sous «Visite»
    et «Autres Sites» de façon à incorporer les sous-titres dans le texte.

    Exemple

    Niou. – visite en avril et mai, de . . .

    La visite de Niou est possible en avril et mai, de . . .

    ou

    La visite de Niou se fait/peut se faire en avril et mai, de . . .

    (a) *Côte Nord-Ouest. – Elle fait une impression profonde* . . .

    ....

    (b) *Pointe de Pern. – Extrémité Ouest de l'île, elle se prolonge* . . .

    ....

    (c) *Chapelle N.-D.-de-Bon-Voyage. – Près du village de Loqueltas* . . .

    ....

    (d) *Phare de Créac'h. – On ne visite pas.*

    ....

    (e) *Lampaul. – C'est la capitale de l'île.*

    ....

    (f) *Route de Ty-Corn. – Sinueuse, mais très pittoresque, elle offre* . . .

    ....

    (g) *Pointe du Stiff. – Du phare très belle vue sur* . . .

    ....

    (h) *Pointe d'Arland. – Site marin à l'Ouest de l'île.*

    ....

    (i) *Pointe de Cadoran. – Vue sur la baie* . . .

    ....

3   En lisant ce passage on a souvent l'impression qu'il ne s'agit que de l'embellissement d'une série de faits et de chiffres. A l'état brut le second paragraphe de la section sur «La nature» donnerait, par exemple:

> hiver: vents, mer démontée sur côtes jusqu' à 10 jours, brouillards, sirènes.

Réduisez le troisième paragraphe de la même section à ses éléments de base.

Par quels moyens l'auteur a-t-il embelli l'information de base dans ces deux paragraphes?

4   *L'île, elle-même, est fort curieuse.* (Introduction, para. 1)
Les naufrages ne s'y comptent plus. (La Nature, para. 1)

Pourquoi ces deux phrases attirent-elles l'attention du lecteur?

5   Au premier paragraphe de l'introduction l'auteur de l'article donne l'impression que certaines choses sont particulièrement dignes de l'attention du touriste.

Exemples

> *l'excursion ... est du plus haut intérêt ...*
> *le fameux écueil ...*
> *l'île ... est fort curieuse*

Trouvez d'autres cas où un monument, un site ou un événement est présenté de façon à donner l'impression qu'il sort de l'ordinaire.

6   L'emploi des italiques dans cet article est réservé presque exclusivement à la présentation d'un certain type d'information. Lequel? Pourquoi est-il important dans ce contexte?

7   *une vache de Molène ayant les quatre pattes dans un champ en broute un second et en ... fume un troisième.*

Quel est le sens du verbe «fumer» dans ce contexte?

Quel mot (ou quel genre de mot) dans la version originale de la plaisanterie est remplacé par les trois points de suspension dans cet article?

Pourquoi le mot supprimé ne serait-il pas acceptable dans ce contexte?

Par quel autre signe de ponctuation pourrait-on remplacer le point qui termine la phrase citée? Quelle(s) raison(s) voyez-vous pour conserver le simple point?

La plaisanterie fait ressortir que tout est «en miniature» à l'Ile d'Ouessant. Trouvez d'autres mots dans l'article qui servent à renforcer cette idée.

8   En tête de l'article il y a trois lignes de publicité. Retrouve-t-on cet aspect publicitaire ailleurs dans le texte?

9 Lesquels des éléments suivants figurent très peu ou pas du tout dans le texte?

je tu il elle on nous vous ils elles

. , : ; ! ? « » ( )

discours direct, discours indirect

ne ... pas

le présent, le futur, le passé, le conditionnel

Quel est l'effet produit par la combinaison des éléments employés?

▸ En respectant les mêmes contraintes linguistiques, écrivez la description d'un site ou d'un monument que vous connaissez.

10 On donne de nombreux renseignements sur la Pointe du Stiff, Lampaul et Niou. Pouvez-vous les énumérer de mémoire *sans consulter de nouveau le texte*?

Pourquoi est-il difficile de mémoriser ce genre d'information?

Trouvez-vous les mêmes difficultés à vous souvenir de ce qu'on a dit au sujet de «la vache de Molène» ou des coutumes qui entourent la disparition en mer d'un membre de la famille? En quoi ce genre d'information diffère-t-il du reste de l'article?

Soudain, un gros nuage cacha le soleil et, sans crier gare, la pluie se mit à tomber avec un fracas assourdissant. Dans la coursive, ce fut un tumulte désordonné, car les passagers qui étaient parqués sur le pont avant s'y précipitèrent pour s'abriter.

— Regagnez vos places, tas d'imbéciles! cria un homme de peau blanche, que les noirs regardaient craintivement.

Il appela un steward pour qu'il explique à ses compatriotes qu'ils n'avaient pas le droit de rester là. L'employé obéit, mais personne ne voulut retourner sous la pluie; alors le blanc se mit à distribuer des coups, des coups que le furieux donnait avec une chicotte. Il frappait, vidant sa rage d'être désobéi. Il tapait à droite et à gauche, sans se soucier de l'âge ni du sexe. Cela fit une terrible bousculade dans l'étroite coursive où certains tombèrent.

Soudain l'homme, pris par un crochet au menton et repris par un autre au ventre, s'écroula.

Debout devant lui, le noir attendait, ses bras démesurément longs touchant presque ses genoux, ses poings fermés prêts à cogner de nouveau. L'autre, ne pouvant encore revenir de sa surprise, se releva lentement, les yeux sur le géant noir, et se contenta d'essuyer au revers d'une manche immaculée le sang qui coulait de sa bouche.

Face à face, à présent, ils se dévisageaient; seule la femme, avec ses bras frêles, les tenait à l'écart l'un de l'autre.

— Assez, Faye, supplia-t-elle.

Tels deux chiens, ils se toisaient furieusement. Les noirs n'en revenaient pas. Quel était ce colosse qui s'attaquait au tabou? Ils n'en savaient rien. Frapper un blanc! Pour moins que cela des frères moisissaient en prison! Surgissant de partout, les occupants des cabines se demandaient: "Est-ce les nègres qui se révoltent?"

Sur toutes les faces noires la crainte était visible. Une femme pleurait, la tête de son bébé saignait; le révolté, que la femme blanche avait appelé Faye, se fraya un passage au milieu des siens, prit l'enfant pour le remettre à sa compagne qui le suivait.

Au vif du texte

1   L'auteur se sert d'une variété de termes pour parler des deux
personnages masculins principaux. Trouvez-en cinq pour chacun de ces
deux personnages.

Trouvez deux autres personnages (ou groupes de personnages) que
l'auteur mentionne également.

Pourquoi l'auteur choisit-il de mentionner un même personnage de
plusieurs façons différentes?

▸   Trouvez cinq ou six façons différentes de parler d'un personnage (ou
d'un événement) de votre choix, et exploitez-les en racontant une
histoire.

> *Exemple*
> La vieille dame aux dents noircies que vous voyez là devant le
> supermarché est ma voisine. La charmante femme passe la moitié
> de sa journée là à bavarder avec qui veut bien l'écouter. Elle
> raconte toujours les mêmes histoires, mais ça fait maintenant bien
> des années que personne ne prend plus au sérieux
> la commère du quartier. Qui aurait pu deviner que, pour une fois,
> dans l'affaire de l'enlèvement du fils du directeur, il faudrait la citer
> comme témoin principal?

2   *Soudain l'homme, pris par un crochet au menton et repris par un autre
au ventre, s'écroula.*

Par quels moyens l'auteur obtient-il un effet dramatique dans cette
phrase?

Il manque un renseignement important dans cette phrase. Lequel?

3   *Debout devant lui, le noir attendait …*
    Seule la femme, avec ses bras frêles …

En quoi les références à l'homme en tant que «le noir» et à la femme en
tant que «la femme» sont-elles un peu anormales ici?

4   *Quel était ce colosse qui s'attaquait au tabou?*

Cette phrase est présentée sous forme de discours direct. Il est
cependant peu probable qu'un passager s'exprime de cette façon.

(a) Suggérez une façon de parler plus probable ou plus «authentique»
par laquelle un passager se serait exprimé dans le contexte donné.

(b) Expliquez la différence entre votre version et celle de l'auteur.

5   *Surgissant de partout, les occupants des cabines se demandaient:
«Est-ce les nègres qui se révoltent?»*

L'effet aurait été différent si l'auteur avait écrit «se demandaient si
c'étaient les nègres qui se révoltaient». Expliquez pourquoi.

6   *Tels deux chiens, ils se toisaient furieusement.*

Cette phrase comprend trois idées principales: «tels deux chiens»; «ils se toisaient»; et «furieusement».

(a) Est-ce qu'il y a une des idées qui est plus frappante que les autres? Laquelle et pourquoi?

(b) Récrivez la phrase de façon à produire un changement de ponctuation.

7   Notez les mots et les expressions qui suggèrent (a) le contact physique, (b) l'emotion. Sur quels autres sens l'auteur attire-t-il aussi l'attention du lecteur?

8   L'auteur évite de mettre toujours le même genre d'idée en tête de phrase. Parfois il s'agit de la personne qui fait l'action, parfois d'un renseignement sur la personne ou sur le lieu de l'action, de la façon d'agir, etc. Récrivez les phrases suivantes en plaçant en tête de phrase un autre élément.

Il frappait, vidant sa rage d'être désobéi.

Il tapait à droite et à gauche, sans se soucier de l'âge ni du sexe.

Debout devant lui, le noir attendait, ses bras démesurément longs touchant presque ses genoux ...

L'autre, ne pouvant encore revenir de sa surprise, se releva lentement.

Face à face, à présent, ils se dévisageaient.

Sur toutes les faces noires la crainte était visible.

9   Action, paroles, description: chacune de ces catégories joue un rôle important dans le passage. Essayez de classer chaque phrase dans une de ces catégories.

Y a-t-il des cas où vous hésitez entre deux ou plusieurs catégories? A quoi attribuez-vous cette hésitation?

10   En général le nombre d'idées que l'on peut inclure dans une seule phrase fait l'objet d'un choix arbitraire.

(a) Récrivez le passage suivant en une seule phrase en gardant un maximum d'information.

Les noirs n'en revenaient pas. Quel était ce colosse qui s'attaquait au tabou? Ils n'en savaient rien. Frapper un blanc! Pour moins que cela des frères moisissaient en prison!

(b) Récrivez l'extrait suivant en une série de phrases plus courtes.

Une femme pleurait, la tête de son bébé saignait, le révolté, que la femme blanche avait appelé Faye, se fraya un passage au milieu des siens, prit l'enfant pour le remettre à sa compagne qui le suivait.

(c) Expliquez tout changement de sens ou de ponctuation qui résulterait de ces modifications.

Les Esquimaux ou Inuit sont des citoyens de la Communauté économique européenne (du moins ceux d'entre eux qui vivent au Groenland). Ils circulent sur des motocyclettes japonaises (dans la région de l'Alaska). Ils parlent le russe (en tout cas s'ils habitent la Tchoukotska). Ils comptent dans leur rang une organisation trotskiste. Ils jouent au bingo, dansent disco, se saoulent à mort et se prostituent.

Le monde boréal n'est pas exactement conforme à l'image que nous en avait laissée le « Nanouk » que Flaherty tourna en 1922. Le pétrole, le charbon, le gaz et l'uranium ont changé tout cela : on n'explore plus le pôle Nord, on l'exploite. Si la série de sept émissions de Jean Malaurie, qu'Antenne 2 diffusera chaque dimanche, du 8 mars au 19 avril, n'avait que le mérite de remettre nos montres à l'heure, elle vaudrait déjà largement le détour. Mais elle est beaucoup plus qu'un documentaire parmi d'autres où une nouveauté pittoresque viendrait chasser des clichés anciens.

Chacune de ces émissions participe d'un puissant travail d'information, constamment soutenu par une passion furieuse et une érudition formidable. Malaurie s'intéresse et intéresse à tout : les premiers contacts entre Inuit et Occidentaux, la géomorphologie du Pôle, l'ivoire dans lequel les Esquimaux sculptent leurs cauchemars, les pratiques du chamanisme, la position de Lénine sur la conquête du monde boréal, les rites de la chasse de la baleine, la conquête viking, Peary, Cook, Rasmussen, le premier pipe-line, ce qu'il faut faire de l'œil d'un caribou abattu, les brise-glace nucléaires, l'échange des enfants, la cruauté guerrière des Inuit, la voie rapide qui s'ouvre, au travers des glaces, entre les marchés européens et ceux de l'Asie...

Sa connaissance à la fois extensive et intensive d'un peuple et d'une région, Jean Malaurie a pris la peine de la mettre en forme télévisuelle. Certes, emporté par son sujet, il lui arrive de n'éviter ni les pièges de l'ellipse ni les dangers de la répétition. De son propre aveu, il procède par méandres successifs, revenant en arrière, reprenant un même point, mais vu d'un autre angle, donnant l'impression de ne vouloir laisser sortir personne avant que tout le monde ait compris.

Pour ma part, c'est une attitude que je trouve plutôt flatteuse pour le téléspectateur, surtout quand on a si manifestement couru pour lui toutes les archives du monde, afin de donner à voir ce qu'a été et, dans une certaine mesure, ce qu'est encore la vie des Esquimaux. Parmi les nombreux stock-shots inédits retrouvés par l'auteur des « Derniers Rois de Thulé », celui sur la chasse de l'urs, filmé en 1911, montre en quelques minutes le courage époustouflant de ce peuple de chasseurs et le sens religieux que prennent pour lui la poursuite de l'animal, la lutte et la victoire. Tout comme les images d'un Esquimau dans sa prison montrent certains effets de l'irruption de la logique industrielle dans la vie des Inuit.

Avec de tels documents, il était plus que facile de faire de l'épate. Malaurie a choisi de nous faire connaître une civilisation dont nous ne retenons que quelques stéréotypes et de nous la montrer aux prises avec la nôtre, à l'heure où nous faisons du pôle Nord le dernier champ de manœuvres de nos besoins énergétiques.

Son film pose le problème de la politique des documentaires à la télévision. Doivent-ils être le monopole des journalistes ?

Faut-il exclure du petit écran, ou ne les convoquer que comme témoins, ceux qui ont passé une vie à travailler sur un sujet ? Il est vrai que les universitaires ont tendance à se comprendre tout seuls, mais la télévision devrait être capable de leur faire travailler l'expression audio-visuelle comme un bon éditeur fait travailler leurs textes à ses auteurs.

La série sur les Inuit montre qu'un tel effort donne l'un des dossiers les plus riches et les plus soucieux de l'image qui ait été présenté de mémoire de téléspectateur. Elle est la preuve par sept émissions que nos chaînes auraient le plus grand intérêt à arrêter leur religion en matière de politique documentaire et à se donner des moyens appropriés. Elles n'auront pas tous les jours la chance de se faire bousculer par un forcené de la communication. ∎

Au vif du texte

1 Il serait possible d'exprimer les trois premières phrases de cet article comme suit:

> Les Esquimaux ou Inuit qui habitent au Groënland sont des citoyens de la Communauté économique européenne. Ceux qui habitent dans la région de l'Alaska circulent sur des motocyclettes. Ceux qui habitent la Tchoukotska parlent russe.

Les deux versions communiquent les mêmes faits. La version originale, cependant, représente un moyen incontestablement plus efficace d'attirer l'attention du lecteur. Par quels moyens le journaliste suscite-t-il l'intérêt du lecteur?

(a) Comparez la valeur des parenthèses ici, et dans une phrase telle que: «Au Québec aujourd'hui il a fait très froid (min, − 28° C; max, −19° C).»

(b) Quand on lit la phrase «Ils ... se saoulent à mort et se prostituent», suppose-t-on qu'il s'agisse de tous les Esquimaux? Pourquoi?

▸ Composez un paragraphe identique pour décrire vos compatriotes. Faites en sorte d'énumérer une série d'affirmations absurdes à leur propos.

2 *Le monde boréal n'est pas exactement conforme à l'image* ...

Trouvez un autre moyen d'exprimer la même idée sans employer la négation.

Récrivez les phrases suivantes en utilisant la négation comme dans l'exemple ci-dessus:

> mon frère aîné est laid comme un singe
> c'est tout à fait impossible
> il fait un temps de chien aujourd'hui
> c'est du mensonge pur
> elle réagit très vite

3 *on n'explore plus le pôle Nord, on l'exploite* (para. 2)

Quels sont les deux mots-clés de cette phrase? Pourquoi les remarque-t-on? Trouvez un autre exemple dans l'article où le rapprochement de deux mots produit un effet comparable.

Expliquez comment la signification de la phrase serait modifiée si on la présentait de la façon suivante: «on exploite le pôle Nord, on ne l'explore plus».

4   *Ils comptent dans leur rang* (para. 1)

     remettre nos montres à l'heure (para. 2)

     elle vaudrait ... le détour (para. 2)

     arrêter leur religion (para. 8)

Il ne faut pas interpréter ces phrases littéralement. Récrivez-les de façon à en rendre le sens plus clair.

5   *Le pétrole, le charbon, le gaz et l'uranium ont changé tout cela ...* (para. 2)

Il n'est pas possible d'attribuer une action quelconque au pétrole, etc., dans un sens littéral. Qu'est-ce qui est implicite dans cette phrase?

6   Le mot «cliché» a plusieurs significations. Laquelle ou lesquelles s'appliquerai(en)t à la phrase: «une nouveauté pittoresque viendrait chasser des clichés anciens» (para. 2)?

Quel est le sens littéral du mot «pittoresque»? Quel est le sens un peu plus figuratif du mot? Le(s)quel(s) de ces sens s'applique(nt) ici?

7   *Malaurie s'intéresse et intéresse à tout: les premiers contacts entre Inuit et Occidentaux ... entre les marchés européens et ceux de l'Asie ...* (para. 3)

Récrivez la proposition «Malaurie s'intéresse et intéresse à tout» en deux phrases indépendantes.

Comment le reste du paragraphe illustre-t-il ces deux concepts?

Est-ce que toutes les virgules dans cette liste ont la même valeur (celle de séparer les différents éléments de la liste)?

Donnez deux interprétations différentes de: «la conquête viking, Peary, Cook, Rasmussen ...».

Comment faut-il interpréter les trois points de suspension à la fin du troisième paragraphe?

Dressez une liste du même genre pour compléter la proposition suivante:

     A la maison, tu sais, je suis vraiment exploité(e). Il n'y a rien qu'on ne me demande pas de faire ...

(Notez que tous les éléments de la liste dans l'article n'ont pas la même longueur, structure, etc.)

8   A première vue il y a très peu de lien entre les trois phrases du quatrième paragraphe. L'écrivain a fait un effort considérable pour cacher le fait qu'au fond il s'agit de trois fois la même structure (c'est-à-dire: «Jean Malaurie fait cela»).

Récrivez les trois phrases de façon plus conventionnelle (et moins imaginative), en commençant chacune par «Jean Malaurie ...».

9   *Mais elle est beaucoup plus* ... (para. 2)

Cette phrase n'est en réalité que l'extension logique de la phrase précédente.

Pourquoi l'auteur l'a-t-il séparée ainsi?

Trouvez un autre exemple du même phénomène au cinquième paragraphe.

10   *il était plus que facile* ... (para. 6)

Quel(s) autre(s) temps verbal(-aux) serai(en)t l'équivalent de l'imparfait tel qu'il est employé dans cette phrase?

11   *Doivent-ils être* ...? (para. 7)

      Faut-il exclure ...? (para. 7)

Il est évident qu'ici le journaliste ne s'attend pas à une réponse directe de la part du lecteur. Quelle est la fonction précise de ces questions?

12 Il y a plusieurs façons de faire une critique positive. Dans cet article, l'auteur fait appel aux techniques suivantes:

      la critique des «autres»

      le compliment

      l'assurance qu'un défaut apparent n'est en réalité qu'un avantage

      l'indication d'un piège évité

Trouvez un exemple de chacune des techniques citées ci-dessus.

13 Il y a deux interprétations possibles du titre «La mémoire des Inuit». Quelles sont-elles?

14 Comment l'auteur fait-il pour déguiser le but principal de cet article, c'est-à-dire la critique ou le compte rendu d'une série télévisée?

21 PROTECTION DU VOISINAGE

Chers voisins et chères voisines,

Vous qui êtes intéressés à la sécurité de votre demeure et désireux d'améliorer votre qualité de vie à St-Jean-Chrysostome, le bureau du Solliciteur Général du Canada ainsi que la ville de St-Jean-Chrysostome sont heureux de vous inviter à venir bâtir votre propre programme "Protection du Voisinage".

Une grande réunion d'information se tiendra mercredi le 23 mai 1984 à 19 h 30 min, au Centre Civique de St-Jean-Chrysostome, sis au 1005, rue Hôtel de Ville. La soirée débutera par la présentation d'un diaporama. Suivra de l'information sur la prévention présentée par un policier. Puis un agent d'assurance vous expliquera les conséquences après un vol. Un serrurier vous entretiendra sur les différents moyens de protéger votre demeure.

Pour terminer la soirée sur une note d'amitié, le projet vous offrira cafés et beignes et souvenez-vous que ce programme ne peut exister sans votre participation.

L'équipe Protection du Voisinage,

Denis Gosselin, directeur

N'oubliez pas, c'est un rendez-vous mercredi le 23 mai 1984 à 19 h 30 min, au Centre civique de St-Jean-Chrysostome situé au 1005, rue Hôtel de Ville, ST-Jean-Chrysostome Tél.: (418) 839-4386.

Au vif du texte

1   Si, dans une lettre, on vous appelait «cher voisin», de qui supposeriez-vous qu'elle viendrait?

Pourquoi appelle-t-on les destinataires de cette lettre «chers voisins et chères voisines» (plutôt que «chers résidents et chères résidentes», par exemple)?

2   Quelles suppositions l'auteur de cette lettre fait-il au sujet des «voisins» dans sa première phrase?

En quoi la réaction du lecteur aurait-elle été différente si la lettre avait commencé (plus correctement, peut-être) par «Si vous êtes intéressés . . .?

3   Le mot «demeure» est une des nombreuses façons de signifier «l'endroit où l'on habite». En voici d'autres: «maison», «foyer», «résidence», «domicile», «habitation», «baraque». Trouvez le sens exact de chacun de ces termes dans le dictionnaire, puis expliquez pourquoi l'auteur de la lettre a choisi le mot «demeure».

Quel autre mot parmi ceux suggérés ci-dessus correspondrait le mieux au sens du mot «demeure» tel qu'il est employé dans cette lettre?

4   *Le bureau . . . ainsi que la ville . . . sont heureux de vous inviter . . .*

Prise dans son sens littéral, cette affirmation n'a pas grand sens. Pour quelle(s) raison(s) aurait-on employé le mot «heureux» dans ce contexte?

5   On pourrait penser que cette lettre provient de trois sources différentes? Lesquelles?

6   *désireux d'améliorer votre qualité de vie*

Tel qu'il est présenté ici, le concept «désireux» pourrait s'attacher à deux groupes distincts. Lesquels? Expliquez comment cette ambiguïté est produite.

7   Identifiez quelques-unes des techniques employées pour donner à cette lettre un «ton personnel».

8   On demande deux choses au lecteur – l'une à court terme, l'autre à long terme. Sur laquelle de ces demandes insiste-t-on le plus dans la lettre? Laquelle demande le plus grand effort? Quel(s) rapport(s) voyez-vous entre ces faits et le ton personnel si prononcé de la lettre?

9   *Une grande réunion d'information se tiendra . . .*

Expliquez le ton grandiloquent de cette lettre.

Que révèle-t-il au sujet de l'auteur de la lettre?

10   Aux deuxième et troisième paragraphes, quelles expressions nous font comprendre que, dans l'ensemble, la communication au cours de cette soirée sera à sens unique?

11   Identifiez les mots qui donnent l'ordre précis dans lequel les événements de la soirée se dérouleront.

12   *la soirée débutera ...*   *... vous expliquera*
     suivra de l'information ...   *... vous entretiendra*
                                        ... vous offrira

Quel élément de la colonne de droite n'apparaît pas dans la colonne de gauche? Pourquoi?

Est-ce par hasard que les expressions de la première colonne précèdent, dans cette lettre, celles de la deuxième colonne? Expliquez.

13   *policier*

     agent d'assurance

     serrurier

Quel(s) avantage(s) ou inconvénient(s) y aurait-il pour (a) le lecteur, (b) les organisateurs si l'on avait indiqué non seulement la profession des participants mais aussi leur nom?

14   Etant donné que «diapositive» signifie «slide» en anglais, donnez une définition française du mot «diaporama».

Pourquoi ce mot ne figure-t-il pas dans le dictionnaire?

Pourquoi l'auteur aurait-il préféré le mot «diaporama» à une autre expression similaire?

15   Quelles connotations présentes dans le mot «équipe» ne figurent pas dans des mots tels que «groupe», «association» ou «organisation»?

16   *le project vous offrira* (para. 3)

     (a) Cette affirmation n'est pas possible dans son sens littéral: Comment doit-on l'interpréter?

     (b) C'est la première fois qu'on mentionne «le projet». Quel rapport y a-t-il entre ce «projet» et «votre propre programme **Protection du Voisinage**» (para. 1)?

17   *au 1005, rue Hôtel de ville*

     sis au 1005, rue Hôtel de ville

     1005, rue Hôtel de ville

     situé au 1005, rue Hôtel de ville

Classez ces quatre expressions selon leur degré de formalité.

Etant donné que les mots «sis» et «situé» sont précédés respectivement par les expressions «à 19 h 30 min» et «au Centre Civique de St-Jean-Chrysostome» voyez-vous une raison stylistique (autre que le degré de formalité) qui aurait pu écarter le choix de l'expression «au 1005, rue Hôtel de ville»?

18 Du point de vue du sens, le début du troisième paragraphe est très étroitement lié au deuxième paragraphe. Comment justifier donc le regroupement des deux idées contenues dans le dernier paragraphe?

(C'est-à-dire, pourquoi la partie «Pour terminer ... et beignes» fait-elle partie du paragraphe final et non du deuxième paragraphe?)

19 Cette circulaire a l'air d'être une communication administrative conventionnelle. A quels endroits faudrait-il en modifier le texte pour qu'elle soit tout aussi applicable à une autre communauté?

20 Il serait également possible de présenter l'information contenue dans cette lettre sous forme d'un programme précisant le titre de la soirée, les organisateurs, les différentes activités, etc. Récrivez-la sous cette forme.

Quels avantages/inconvénients y aurait-il à choisir l'une ou l'autre de ces formes?

Chronique juridique

Rolling Stones condamnés...

"Keith Richards, d'après la preuve recueillie au sujet de vos agissements lors de votre passage au Canada en 1980, la Cour vous reconnait coupable de possession d'héroïne et vous condamne à suivre une cure de désintoxication et à offrir des concerts gratuits aux aveugles". Appel de cette sentence fut rejeté par la Cour d'Appel de l'Ontario pour le motif qu'une sentence d'emprisonnement n'aurait pas favorisé la réhabilitation. Le juge ajoute: "Dans les circonstances, l'imposition de la sentence de travaux communautaires sous la forme de concerts gratuits au bénéfice de l'Institut canadien pour le aveugles est pertinente et appropriée à la personnalité du délinquant".

Les travaux bénévoles constituent une alternative aux courtes peines d'emprisonnement. De telles sentences sont de plus en plus fréquentes au Québec. D'ailleurs, elles concernent autant les jeunes que les adultes et permettent l'exécution de travaux bénéfiques à la société. Certains visent la réparation du préjudice face à la victime. D'autres auront lieu auprès d'organismes à but non lucratif oeuvrant dans la communauté. C'est de loin cett dernière solution qui fait l'objet de la majorité des décisions. Cependant, elle est difficile d'application dans le contexte actuel. Ces organismes sont sollicités sans modération par les programmes de travaux chargés d'orienter les contrevenants lors de telles ordonnances et mesures. Dans la région de Montréal, la marmite a sauté. Les juges évient d'ordonner des sentences de travaux car les seuls organistes voulant accueillir les travailleurs ne suffisent plus. Qu'en est-il du traitement de l'assigné dans de telles circonstances? Comment imaginer la réinsertion sociale chez le sujet confié à l'entretien ménager et au lavage. Il n'y a aucune orientation du travailleur contrevenant par rapport à sa formation, son type de travail habituel, ses intérêts et son milieu. C'est de l'abrutissement, une alternative escamotée de son objectif.

Il importe pourtant que la mesure comprenne un aspect préventif en ce sens que le travailleur puisse s'intéresser au milieu où il doit oeuvrer. À l'heure actuelle, la pratique des travaux bénévoles ne rencontre pas cette exigence. Les organismes sont débordés et les programmes n'ont plus de choix. Le principe des travaux est pourtant ce qu'il y a de plus souhaitable. On élimine les coûts exorbitants de l'incarcération, tout en déprofessionalisant l'intervention. Simplement, il est temps qu'un recrutement des organismes intéressés soit mis de l'avant. Les programmes doivent développer la recherche dans certaines zones de la région de Québec. Ils doivent accentuer leurs efforts en vue de placer les contrevenants vers des secteurs d'activités susceptibles d'intérêt où le type de travail imposé aura des effets bénéfiques à long terme.

En date du 21 février, nous apprenions que le ministre des Affaires sociales du Québec venait d'octroyer une subvention de $73 000 afin qu'une vaste recherche soit entreprise pour évaluer l'efficacité des mesures appliquées aux jeunes ayant commis des infractions. On peut croire qu'on s'attardera au problème des travaux communautaires effectués par les jeunes. En autant qu'effet soit donné aux conclusions, on aura au moins visé une tranche d'individus.

L'affaire Rolling Stone était un exemple parfait d'ordonnance appropriée. Reste à souhaiter que le groupe ne vienne jamais à Québec, où alors on risquerait de voir Jagger faire le ménage du Colisée à la suite du spectacle.

François Paré
Bureau d'information juridique
Pavillon De Koninck, bureau 3520-Z

Au vif du texte

1   Il n'est pas rare de trouver des fautes typographiques dans un article de journal. Il y a des fautes au premier et au deuxième paragraphe ... Trouvez-les!

2   Comment les trois points de suspension constituent-ils un lien entre le titre et le début du premier paragraphe?

3   Qui a dit «Keith Richards, d'après ... aux aveugles» (para. 1)? A quel moment apprend-on l'identité du locuteur?

4   Expliquez comment les expressions choisies par le juge enlèvent tout élément personnel au verdict prononcé sur Keith Richards.

5   «la Cour» (para. 1, l. 2) et «la Cour d'Appel de l'Ontario» (para. 1, l. 5): s'agit-il de la même cour dans ces deux cas?

6   Quel événement suppose-t-on accompli entre la fin de la première phrase et le début de la seconde?

➤ 7   En racontant les événements du premier paragraphe, le journaliste fait appel à la technique de la citation directe.

   (a) Récrivez le paragraphe sous forme de rapport (discours indirect).

   (b) Imaginez l'explication du verdict que Keith Richards donnerait à un ami. Une telle explication contiendrait un minimum de jargon et d'expressions formelles.

8   *la marmite a sauté* (para. 2, l. 11)

   Quels sont les deux sens du mot «marmite»? Quel sens a le mot «marmite» dans cette expression? Expliquez l'image utilisée ici par le journaliste.

9   (a) Quel(s) rapport(s) voyez-vous entre les deuxième et troisième paragraphes et le premier paragraphe?

   (b) Quel(s) paragraphe(s) se rapporte(nt) directement au titre de l'article?

10   *De telles sentences* (l. 2)   *Ces organismes* (l. 8)
        elles (l. 3)   *l'assigné* (l. 13)
        Certains (l. 4)   *de telles circonstances* (l. 13)
        D'autres (l. 5)   *le sujet* (l. 14)
        cette dernière solution (l. 7)   *C'est ...* (l. 17)

   Toutes ces expressions sont tirées du deuxième paragraphe. Considérées isolément, leur sens reste imprécis. Pour en rétablir le sens complet, le lecteur doit se reporter à des renseignements fournis antérieurement. Donnez le sens complet de chaque expression.

11   *Qu'en est-il du traitement ... circonstances?* (para. 2, l. 13)

           Comment imaginer ... et au lavage? (para. 2, l. 14)

Récrivez ces phrases sous une forme non-interrogative. Expliquez la valeur de l'interrogation dans la présentation de ces idées.

12   L'auteur de cet article a soigneusement évité d'employer des mots tels que «criminel» et «malfaiteur». Pourquoi? Relisez attentivement le passage en notant les mots/expressions utilisés à leur place.

13   Le mot «bénéfiques» figure deux fois dans l'article (para. 2, l. 4; para. 3, l. 11). La question «Bénéfiques à qui?» entraînerait-elle la même réponse dans les deux cas?

14   *Le principe des travaux est pourtant ce qu'il y a de plus souhaitable* (para. 3, ll. 4–5)

Récrivez cette phrase de sorte qu'elle communique son sens complet, même détachée du contexte de l'article.

15   Voici la définition du mot «ŒUVRER» donnée par *Le Petit Robert*.

> **ŒUVRER** [œvʀe]. *v. intr.* (1530; a. fr. *obrer, ovrer;* bas lat. *operare.* V. **Ouvrer**). *Littér.* Travailler, agir. « *Du temps de ma jeunesse... j'œuvrais n'importe comment, n'importe où* » (GIDE).

Suggérez deux raisons pour justifier l'emploi du mot oeuvrer dans la première phrase du troisième paragraphe.

16   *oeuvrant dans la communauté* (para. 2, l. 6)

Dans cette phrase, le participe présent «oeuvrant» est employé à la place du pronom relatif («<u>qui</u> oeuvrent dans la communauté»). Trouvez un autre cas au deuxième paragraphe, et un exemple au quatrième paragraphe où l'auteur fait appel à la même technique, et récrivez ces parties de la phrase en employant la proposition relative entière. Aux deuxième et quatrième paragraphes trouvez des exemples où l'auteur a employé un participe passé à ces mêmes fins.

Exemple

      les programmes de travaux <u>chargés</u> d'orienter les contrevenants = qui sont/ont été chargés d'orienter les contrevenants

17   Comment la dernière phrase reprend-elle les idées principales de l'article?

Au vif du texte

1   Identifiez les deux thèmes majeurs compris dans le titre «LA PRI$ON DORÉE».

2   PRISON/PRI$ON Comparez la forme et le sens de ces deux mots.

3   *Discours direct, action, description*: ces trois éléments sont présents dans la bande dessinée. Par quels moyens sont-ils communiqués?

4   Imaginez l'explication des événements des trois premières images que vous donneriez à quelqu'un qui n'aurait pas la bande sous les yeux (un aveugle, un(e) ami(e) au téléphone).

5

CRÉSUS	*Suivez-moi, John.* (4)
	Très bien. Alors, prenez mes valises. (6)
	Prenez mes valises. (8)
	Vous pouvez rentrer, John. (9)
JOHN	*Oui, Monsieur.* (4)
	Bien, Monsieur. Au revoir, Monsieur. (9)
GARDIEN NO. 1	*C'est interdit. Votre chauffeur ne peut pas vous accompagner à l'intérieur de la prison.* (5)
	Moi? ... Non mais pour qui me prenez-vous? Je ne suis pas ... (7)
	Votre cellule ... Après vous, je vous en prie ... (15)

(a) Quelle(s) caractéristique(s) ces quatre répliques de Crésus ont-elles en commun?

(b) Qu'est-ce qui caractérise les répliques de John?

(c) L'attitude du Gardien No. 1 n'est pas constante dans les trois répliques citées. Comment décririez-vous les différentes attitudes? Par quels phénomènes de langue ces attitudes sont-elles exprimées?

6

JOHN	*Bien, Monsieur. Au revoir, Monsieur.* (9)
GARDIEN NO. 1	*Votre cellule ... Après vous, je vous en prie ...* (15)

Que peut-on apprendre sur les deux personnages en comparant ces deux répliques?

CRÉSUS	*Suivez-moi, John.*
JOHN	*Oui, Monsieur.* (4)

Expliquez comment le message original est modifié dans les variantes suivantes:

Suivez-moi, <u>Jean</u>.

<u>Suis</u>-moi, John.

Oui, <u>M'sieur</u>.

8   GARDIEN NO. I   *C'est interdit. Votre chauffeur ne peut pas vous accompagner à l'intérieur de la prison.* (5)

           CRÉSUS   *Très bien. Alors, prenez mes valises.* (6)

En faisant cette remarque, le gardien n'envisageait qu'une seule conclusion de la part de Crésus. Laquelle? Ecrivez la réponse anticipée.

Expliquez la logique qui provoque la réponse donnée par Crésus.

Les deux conclusions sont-elles valables?

A quel moment de la réponse de Crésus le gardien comprend-il que sa remarque n'a pas produit l'effet souhaité?

Qu'aurait dû dire le gardien pour éviter tout malentendu à cet égard?

Dans quelle mesure serait-il possible de mal interpréter la remarque du second gardien? (12)

9   —Très bien. Alors, prenez mes valises, dit Crésus ....

       — Moi? Non mais pour qui me prenez-vous? Je ne suis pas . . . répond le gardien ....

       — Prenez mes valises ....

Récrivez ce dialogue tel qu'il serait dans un récit conventionnel (c'est-à-dire sans le visuel de l'image) en fournissant des renseignements sur les attitudes, les gestes, le ton de voix, etc. des personnages en question.

10   On n'a pas besoin d'explications pour comprendre l'ordre dans lequel les actions se sont succédées ni si elles étaient simultanées ou séquentielles. Comment communique-t-on cette information au lecteur?

11   Les deux gardiens abordent Crésus de façon différente. Expliquez leur approche différente.

12   Aux images 7 et 12, Crésus interrompt les gardiens (interruption signalée par des points de suspension). Complétez les phrases des gardiens de la manière la plus probable.

13   Pourquoi l'attitude des gardiens change-t-elle brusquement aux images 7 et 12?

Dans les deux cas récrivez ce que dit Crésus de façon à rendre son message explicite.

Pour quelles raisons, d'après vous, le dessinateur a-t-il choisi de ne pas mettre ce message par écrit?

14   Comment la langue signale-t-elle le changement d'attitude qui s'est produit chez le second gardien entre les images 11 et 14?

15 Dans cette bande dessinée certains des personnages donnent des ordres. Notez les différentes formes employées à cet usage.

16 En disant «Pardon?» on demande d'habitude une simple répétition de l'information donnée parce qu'on l'a mal entendue ou mal comprise. Est-ce que le «Pardon?» de Crésus est utilisé dans ce sens?

Qu'est-ce qui est sous-entendu?

Comment le gardien l'interprète-t-il? (voir sa réponse – image 11)

17 Quel est le sens du point d'interrogation à l'image 15?

18 Certaines répliques de la bande dessinée sont en caractères gras. Pourquoi? (Comparez, par exemple, les images 6 et 7.)

FAMILIALE

La mère fait du tricot
Le fils fait la guerre
Elle trouve ça tout naturel la mère
Et le père qu'est-ce qu'il fait le père?
Il fait des affaires
Sa femme fait du tricot
Son fils la guerre
Lui des affaires
Il trouve ça tout naturel le père
Et le fils et le fils
Qu'est-ce qu'il trouve le fils?
Il ne trouve rien absolument rien le fils
Le fils sa mère fait du tricot son père des affaires lui la guerre
Quand il aura fini la guerre
Il fera des affaires avec son père
La guerre continue la mère continue elle tricote
Le père continue il fait des affaires
Le fils est tué il ne continue plus
Le père et la mère vont au cimetière
Ils trouvent ça tout naturel le père et la mère
La vie continue la vie avec le tricot la guerre les affaires
Les affaires la guerre le tricot la guerre
Les affaires les affaires et les affaires
La vie avec le cimetière.

Au vif du texte

1 A l'écrit, les marques de ponctuation correspondent aux différentes pauses de la langue orale.

Quelle ponctuation Prévert utilise-t-il dans «Familiale»?

Par quels procédés Prévert a-t-il indiqué des ruptures de rythme dans la phrase?

Quelle impression générale produit le manque quasi-total de ponctuation dans le poème «Familiale»?

> *La guerre continue la mère continue elle tricote*
> *Le père continue il fait des affaires*
> *Le fils est tué il ne continue plus*

Lisez les 3 vers ci-dessus à haute voix et marquez du signe «/» les endroits où vous faites une pause.

Quelles marques de ponctuation utiliseriez-vous à l'écrit pour indiquer ces pauses? Dans quelle mesure pourrait-on faire d'autres pauses ou les faire à d'autres endroits? Dans quelle mesure le lecteur peut-il être certain de donner à ces vers l'interprétation que voulait Prévert?

2 Quels sont les trois principaux personnages et les trois principales activités mentionnés dans ce poème?

Lequel des trois personnages est le plus important dans les sections suivantes:

    (a) les vers 1 à 3

    (b) les vers 4 à 9

    (c) les vers 10 à 15

3 Dans quel ordre les trois activités (identifiées dans la question 2 ci-dessus) sont-elles introduites?

Quel est l'ordre d'importance de chaque activité dans les quatre derniers vers du poème? Quelle idée ou notion sous-entendue l'emporte finalement sur les autres?

4 Evaluez la difficulté de l'ensemble du vocabulaire et des structures de ce poème en adoptant une échelle de 1 (facile) à 10 (très difficile et complexe).

5 Le poème exprime l'immuabilité des choses et la routine de la vie par les procédés suivants:

    (a) le vocabulaire ou les mots suggérant la routine

    (b) les répétitions de mots

    (c) les répétitions de structures

    (d) les répétitions de sons

Donnez des exemples pour chacun des procédés employés.

6 Dans la liste suivante, indiquez quelles sont les idées qui *ne sont pas* exprimées dans le poème:

> la mère fait du tricot
> le fils fait la guerre
> le père fait des affaires
> la mère trouve ça naturel
> le fils trouve ça naturel
> le père trouve ça naturel
> la mère continue
> le fils continue
> le père continue
> la vie continue
> la guerre continue
> les affaires continuent

Quel message transmet l'absence de ces éléments?

7

		STRUCTURE	SENS
faire du tricot	*pareil*		
faire la guerre			
faire des affaires	*différent*		

Cochez dans le tableau ci-dessus la case qui décrit le mieux les trois expressions données à gauche. Puis expliquez comment Prévert exploite le rapport qu'il a établi entre structure et sens.

8 *Et le fils et le fils*
Qu'est-ce qu'il trouve le fils?

Cette question est destinée à provoquer une réponse chez le lecteur. A quelle réponse s'attendrait-on logiquement après la structure utilisée dans les 9 premiers vers du poème?

Avec la répétition «Et le fils et le fils», le lecteur pense que l'attitude du fils sera sans doute différente. Si c'était le cas, que pourrait-on trouver dans le vers suivant?

Expliquez quel effet produit la réponse que donne Prévert.

Dans le poème, le lecteur pourrait aussi s'attendre à autre chose aux deux endroits suivants:

> *Quand il aura fini la guerre ...* (vers 14)
>
> *Le fils est tué il ne continue plus ...* (vers 18)

Pour chaque cas, quel autre événement aurait pu prévoir le lecteur?

9   Quels aspects du poème appartiennent au style de la conversation?

10 Quelles connotations sont généralement associées au mot «familiale», dans le contexte du poème (c'est-à-dire dans le sens de «scène de famille» ou «tableau de famille»)?

Dans quelle mesure ces qualités sont-elles mises en évidence dans le poème?

11 Résumez en une seule phrase les événements racontés dans le poème.

12 Par quels procédés Prévert donne-t-il l'impression que la guerre est interminable?

13 Dans la liste suivante, cochez les éléments qui décrivent le mieux la manière dont l'information est présentée dans le poème:

description	tendresse, chaleur
discours	fantaisie
argumentation logique	mouvement

14 Il n'y a qu'un seul adjectif dans le poème. Lequel? Quel est l'effet produit?

15 A quel personnage sont associées les deux expressions négatives du poème («ne ... rien» «ne ... plus»)? Quelle signification peut-on attribuer à ce fait?

16 Par quels procédés Prévert atténue-t-il l'horreur de la guerre et de la mort et efface-t-il le sentiment de violence ou de tragique habituellement associé à ces deux phénomènes?

17 Est-ce que Prévert donne son point de vue personnel dans ce poème?

18 Est-ce que l'ensemble du poème transmet un message?

DEVOS, DES MAUX EN MOTS

Au commencement, il était une fois une histoire belge, celle de la famille Devos. Pour une mère, il y avait de quoi se démonter, et pour un père, de quoi se faire du Mouscron. C'est en effet dans cette commune du Hainaut, il y aura soixante ans le 9 novembre, que le petit Raymond est venu à la Belgique en particulier et au monde en général. Depuis, il a profité. Et je pèse mes mots, ce qui n'est pas un mal si je veux faire comprendre que cet homme-là fait le poids. Il a profité des mots dont souffre l'humanité, ne se laissant pas aller à la facilité qui consiste à choisir le moindre, et abusé des maux de la langue française quand on la tire. Il préfère les mots qui lui ressemblent, un peu enveloppés, avec des allures de Mongol fier : plus ça s'enfle, plus ça vole haut. Les mots qui croissent parce que c'est absurde, comme n'a jamais dit saint Augustin qui n'est pas le patron des Augustes. Les mots croisés, en somme, les mots gros d'autres mots, ceux qui ont des tiroirs dans la caisse et une valise à la main. Comme lui. A l'instar du poète qui avait mis un bonnet rouge au vieux dictionnaire, il a rhabillé la langue française, mais pour lui faire une belle jámbe ; grâce à lui, elle porte un Lewis Carroll moulé sur les anches de clarinette. Car il connaît aussi la musique et ne manque jamais de présenter la note. On serait alors tenté de lui faire une scène, mais impossible, il n'y en a plus de libre, il les a toutes faites. Le procès qu'il intente au sens, ayant le tournis devant le giratoire et restant interdit devant l'obligatoire, n'est pas un procès purement verbal. Il verbalise à vue : si le stationnement est prohibé, il se met à danser ; de la danse il fait une contredanse, de la contredanse un papillon, du papillon une mite, et de la mite un mythe. C'est ainsi qu'il arrive à l'essentiel. Or l'essentiel nous manquait et il y avait de quoi se faire à nouveau du Mouscron puisqu'on signalait Raymond Devos dans les provinces de Belgique et autres lieux communs à la francophonie, mais depuis quatre ans c'était sans lui le Paris stupide. Enfin, le voici revenu sur la capitale. Et comme les bons contes font les bons amis, nous paierons un pot sur le revenu.

Jacques Poulet

Théâtre Montparnasse, à partir du 21 octobre.

Au vif du texte

1   Pour expliquer les jeux de mots contenus dans l'article, trouvez le double sens de chaque expression de la liste suivante:

faire le poids

tirer la langue

gros (les gros mots; être gros de ...)

connaître la musique

présenter la note

faire une scène

un procès-verbal

la contredanse

un papillon

un lieu commun

2   Trouvez le sens de chacune des expressions de la liste suivante et repérez dans le texte les endroits où il y a un jeu de mots.

la mer se démonte

se faire du mouron

les maux

une montgolfière

Auguste

la mite

les bons comptes font les bons amis

impôt sur le revenu

3   Dans les formulaires administratifs, l'état civil d'une personne est présenté de la façon suivante:

NOM ....
           (nom de jeune fille pour les femmes mariées, veuves ou
           divorcées)

Prénom(s) ....
           (au complet dans l'ordre de l'état civil)

Né-née le ....
           (le mois doit être inscrit en toutes lettres)

à ....
           (Commune et département)

de ....
           (nom et prénom du père)

et de ....
           (nom et prénom de la mère)

Dans les 10 premières lignes du texte, l'état civil de Devos est donné.

Quelles sont les différences entre les renseignements présentés dans l'article et ceux présentés sur la fiche individuelle d'état civil? (Quels éléments sont ajoutés? Quels éléments sont omis? Comparez la manière dont l'information est exprimée.)

Trouvez une façon originale de vous présenter en donnant votre âge et votre date et lieu de naissance.

4   *. . . nous paierons un pot sur le revenu*

Quelles sont les personnes les plus importantes dans les dernières lignes? Comment est-ce en contraste avec le reste du passage?

5   Mouscron est une ville. Devinez où se trouve cette ville et vérifiez sa situation sur une carte.

6   Raymond Devos est un comédien qui dit ses sketches debout. Par quels moyens l'auteur de l'article a-t-il essayé de recréer le style oral du comédien?

7   *Au commencement . . .*

     Il était une fois . . .

Quel livre très connu débute par «Au commencement . . .»?

Quel genre d'histoire commence toujours par «Il était une fois . . .»?

Quel effet produit l'association de ces deux expressions au début de l'article?

8   Quels rapports voyez-vous entre d'une part le titre de l'article et d'autre part le contenu et la langue de l'article?

9   «Comme lui.» apparaît sous la forme d'une phrase complète. Quelle est la signfication de cette phrase?